AF210061

Nachwendezeit

Alltagspoesie 2019-2020

Für Marvyn Behrbalk

Bibliografische Information der Deutschen Nationalbibliothek:
Die Deutsche Nationalbibliothek verzeichnet diese Publikation
in der Deutschen Nationalbibliografie; detaillierte bibliografische
Daten sind im Internet über dnb.dnb.de abrufbar.
Herausgeberin, Gestaltung & Autorin:
Edition Dorettes – Sabine-Simmin Rahe

https://die-dorettes.de
2. Auflage 2024
© 2024, Sabine-Simmin Rahe
Verlag: BoD • Books on Demand GmbH, In de Tarpen 42,
22848 Norderstedt
Druck: Libri Plureos GmbH, Friedensallee 273, 22763
Hamburg
ISBN: 978-3-8370-0451-9

EDITION DORETTES

Nachwendezeit

Alltagspoesie

(2019-2020)

Sabine-Simmin Rahe

Inhalt

Schopenhauers Mutter

Ich denke:
„Im Leben, wie der Kunst,
haben Frauen andere Zyklen,
als das schwache Geschlecht."
S. Rahe, August 2024

01 | Alltag

Aufwachen.
Schlaf aus den Augenwinkeln kratzen.
Kaffee kochen.
Laptop aufklappen.
Nachrichten von Freunden betrachten.

Mit unserem Glück
und dem abrupten Ende befassen.
Diese Gedanken wieder loslassen.
Schwarzes Gebräu in einer goldgrünen Tasse.

Seufzer in den Himmel stossen.
Einen Riesennachtfalter an die Wand geklebt
in der Ecke unter der Zimmerdecke entdecken.
Der Bitternis des Getränks nachschmecken.

Im Schwingstuhl nervös vor und zurück wiegen.
Die Aufgaben laß ich noch ein bißchen liegen.
Werde die Zeit noch etwas umbiegen
und die Stunden, bis ich etwas Produktives schaffe,
unendlich in die Länge ziehen.

02 | Spielbein

Ich suche beharrlich jede List,
damit Du bald für ewig
mein Geliebter und Gefangener bist.
Ich überbrücke spielend alle raumzeitliche Kluft,
weil ich ihn so dringend wieder atmen muß
– Deinen kostbaren, Dir so eigenen Duft.

Mich hält kein Zweifel mehr zurück,
der mich entfernen könnte
von unserem Glück.
Ich fasse Mut mit jedem Tag
und geh voran ganz unverzagt,
bis Du mir wieder zärtlich dumme Dinge sagst.

Das kann ich nur,
weil ich mich nicht mehr frag,
ob es richtig war,
dass ich Dich,
trotz Deines bewußten, grübchen-gestützten Charmes,
so lieb gewonnen hab.

03 | Schutzhütte

In meinem windschiefen
Haus aus
Phantasie
schöpfe ich mich aus.
Es gibt darin
eine endlos verfügbare Zimmerflucht
aus Lust, Leidenschaft und Spiel.

Davor trägt dieser fantastische Zauberpalast
einen großzügigen, himmelragenden Balkon
für Poesie, Klang, Musik und Ton
unter dem elfenbeinschimmernden Perlmuttmond,
der hoch am sommerlichen Firmament
darüber wohnt.

Da sagt man mir nie,
Du willst zuviel.

Da ist das Viele
ganz und gar
das höchste aller Ziele.
Dort bin ich beschützt und
kenne ich keine Gefahr,
– denn dazu ist meine Phantasie ja da.

04 | In aller Munde

In aller Munde ist
die Rede, wir seien frei.
Ich verstehe solche Rede nicht.
Und nicht, dass man dann davon spricht,
als ob das Tugend sei.

Ich weiss nicht, ob Ihr folgen mögt,
ich denke so:
Der Menschen größte Freiheit ist,
dass er sein Handeln daran mißt,
dass er sich mit seinem ganzen Bewusstsein erschliesst,
dass er unlöslich an andere
und die Natur gebunden ist.

Woraus er sich dann ebenso bewußt
zur Prüfung der Güte seiner Handlungen entschliesst,
die er aus Einsicht in das Notwendige bestimmt
und er die Zwecke anerkennt,
die ihm und anderen gegeben sind.

Dass er also in Freiheit tut,
was er als das erkennt,
was ihm unter Berücksichtigung
der Pflicht
gegeben ist.

05 | Nachricht

Ich betrachte Dich gerne
und weiss nicht wann
oder gar ob ich Dich
eines Tages wiedersehen kann.

Ich hoffe sehr, es geht Dir gut.

Ich habe Dich gerne
und weiss nicht wie,
sich Kümmernis und Trübnis
wieder verziehen,
die bei mir eingezogen sind,
seitdem Du abschiedslos
verschwunden bist.

Ich hoffe sehr, dass Du in Sicherheit bist.

Ich denke an Dich
und blicke träumend darauf zurück,
wie wir uns wortlos verbanden
und einander verständig erspürten,
ohne dass etwas anderes
als ein ozeanischer Blick
dazu notwendig gewesen ist.

Ich wünsche Dir sehr, dass Du geborgen bist.

Ich sitze hier
und stelle mir vor,
Du kämest zu mir,
klopftest entschlossen an meine Tür
und wenn ich öffnete,
zögest Du mich wieder vergnügt
und glücklich zu Dir.

Ich wünsche Dir sehr,
dass Segen und Liebe Deine Begleiter sind.

06 | Juli

Zwei Regentropfen, deren Weg sich
auf einem stumpfgrauen, verzinkten Fensterblech
kreuzt, fliessen kriechend zusammen.
Sie fallen von dort, schwer leckend,
von der abgeschrägten Kante zur Erde.

Die feuchte Luft, in die Dunstschleier milchig malen,
schlägt sich auf Brillengläsern nieder.
Wangenmuskulatur und Nacken schmerzen,
weil das Schauen auf die Tastatur
in dem trüben Licht
nicht ganz leicht ist.

Autoreifen kurven laut schmatzend
durch silbrig glänzende Sommerpfützen.
Klirrend tschilpend sitzen aufgescheuchte Spatzen
im Sand auf dem Boden unter den Kronen
regenfeuchter Linden.

Die Zeit kriecht voran und nimmt
alles mit, was aus Plänen, Träumen und Gedanken
aus gestern in diesen Tag gepflanzt ist,
bis jeder Halt darin
mit der Regennässe fortgespült wird
und nur der Augenblick noch trägt.

07 | Gewitterleuchten

Der Gewitterwind fegt raschelnd
gelbe Lindensamen zu Haufen
auf dem Asphalt der Strasse zusammen.
Der Lichtschein der Blitze
wirft leuchtend helle Ränder,
die düstere Wolkentürme rahmen.

Im Schornstein fauchen heulend die Böen.
Ich schliesse die Fenster und denke
an die, die das nicht können,
weil sie, wie Du, kein Zuhause haben.
Ich denke an Euch und hoffe,
dass Ihr beschützt seid im Sturm.

Der Regen tröpfelt pochend
und klopfend an die Fenster.
Grollend rollen die Donner heran.
Ich kauere mich in meinen schwingenden Sessel
und möchte Dich und den dunklen Schatten,
den Dein Verschwinden
in mir zurückgelassen hat, nicht vergessen
und lieber hoffen, dass Du Hilfe gefunden hast.

Aus meinen Augen quellen bittere Tränen,
weil ich nichts zu tun vermag,
nur sitzen, an Dich denken, hoffen und warten,
auf einen nahen und einsichtigen Tag
an dem ich Dich wieder in die Arme schliessen darf.
Oder mindestens eine Nachricht mit einem Lebenszeichen
von Dir erhalten hab.

08 | Honigstrom

Zäh und glühend fliesst der Goldstrom
zwischen Nabel und Nabel.
Perlmuttern schimmert ein Lächeln.
Moosgrün kriechen schlängelnd feuchte Flechten
zwischen milchgetauchten Säulen.

Rosig züngeln samtfeine Blätter.
Strahlend glänzt hautfeiner Pfirsichsatin.
Süß duftend perlen silbrige Tautropfen
des sprühfeuchten, hauchzarten Morgennebels.

Klingend hält sich ein heller Ton
hervorbrechend aus schwarzseidener Tiefe.
Scharlachrot umwindet Schlick
den lodernden Strahl einer herzentfachenden Flamme.

Zu Asche verbrannt
verinnt der Gesang
festlicher Chöre.
In uns summt stumm der brummende Klang
eines schwärmenden Bienenstocks.

09 | Du

Ach, wie leichtfertig schrittst Du durch das Bild.
Grübchen waren tief rechts und links
in Deine Wangen geritzt.
Du erschienst mir zunächst bloß
als ein fröhliches, etwas zorniges Kind,
bis Du dann unerwartet so mannhaft gewesen bist.

Spielend, unbekümmert, frech und lächelnd
nahmst Du im Handumdrehen mein Herz mit Dir mit.
Du liesst mich verwirrt, verliebt und blind zurück.
Ein begabter Jüngling, der seinen Charme
als tödliche Waffe probiert.

Du warst betörend, bezaubernd
und hast meine Erwachsenheit
mit Deiner Flatterhaftigkeit
tänzelnd außer Kraft gesetzt.
Seither ist jeder Winkel
meines Verstandes von Dir besetzt.

Du aber bist längst weitergezogen.

Hast einen romantischen Palast aus Träumen bezogen.
Ich bin ja die Närrin, die hoffte,
sie konnte Dir dorthin folgen.
Aber das hiesse wohl den Lauf der Dinge betrügen.
Ich wünschte nur, ich könnte dies bittere Schicksal
mit meiner Leidenschaft für Dich besiegen.

10 | Sommerschwere

Von der Süße leckt die Bitternis.
Träg und zäh sammelt sich
ein klarer Tropfen galligen Taues.
Die Klinge trennt sanft,
ohne erkennbaren Schnitt,
das Fett tranchierend vom Filet.
Die Lerche stürzt getroffen aus dem gebogenen Blau
der ragenden Weite der gläsernen Himmelshöhe.
Die silbersamtenen Halme schlagen
knirschend über dem stummen Tier zusammen.
In Sand sinkt qietschend der federleichte, tiefe Schritt.
Zu mürbe fettigem Staub zermahlt
roter, anthrazitgesprenkelter Granit.
Wolkiger Mückentanz schwebt sirrend
in flirrend glühender Luft
über dem Glanz eines spiegelnden Sees.
Ein Findling drückt schwer

auf den Atem der Moränen.
Aus dunkelgränderten, geschwungenen Augenlidern
quellen perlend hellglitzernde, salznasse Tränen.
Gärend hängt der Geruch von Kuhdung
zwischen ausgeräumten Wiesen.

11 | Fado III

Lebte auf im perlend frischen Schaum
des Frühlingstraums, spritzend wie Gischt.
Blühte auf als sich Strahlblau
von Blick zu Blick gemischt.

Vergaß den Abgrund der tiefen Kluft an Jahren
an dem sich unser Weg gefährlich knirsch entlangwand.
Vertraute dem schlagenden Puls unserer bebenden Hand.
Segelte leicht von Minute zu Minute,
die wie Inseln von Verlangen umspült waren.

Schwer der Körper beim Auftauchen im Erwachen.
Stumpf das Pochen bohrend
vergossenen scharlachroten Klopfens.
Grell die sommerlichen Gewitterblitze.
Tödlich niederringendes Trauerfieber.
Verblasen das Glück des hoffnungsvollen Anfangs.

12 | Versteck

Wir spielten zupfend Harfe
auf den Haaren an unseren Schläfen.
Unsere Blicke hielten einander nicht stand,
wenn wir zögernd in die Räume schwebten.

Wir krächzten dumme Dinge,
wenn wir uns zu reden bemühten.
Wir taumelten trudelnd umeinander,
wenn wir uns begegnend im Glanz eines Tanzes wiegten.

Wir flüchteten hochgeschreckt,
wenn wir durch des anderen Nähe
aufgescheucht wurden.
Wir hielten uns angestrengt bedeckt,
wenn der lodernde Sog
uns unausweichlich zueinander zog.

13 | Darum

Mit der dunklen Asche unserer Träume
bestäubt zieht alltäglich
die einförmige Landschaft
an uns vorüber.
Vor uns klafft ein tiefe Spalt
mit zähflüssiger, blasenwerfender Glut.

Wir benetzen durstig
die gesprungenen Lippen
und hoffen auf den stillenden Fall
sprühfeinen Regens.

Wir tragen betäubt
die Last der Schuld
ungesagter Worte.
Die stumpfe Mehlschicht
des zerquetschten grauen Granits
legt sich schwer auf
unser müdes Augenlid.

Verzagt wagen wir es nicht
einander erwartungsfroh in die Augen zu sehen,
wir haben Angst, wir seien zu ungeschickt,
um der Schönheit angemessen zu begegnen.

Wir halten unsere Ohren zu,
um die vielstimmigen Chöre nicht zu hören.
Wir wollen das schillernde Morgenlicht
nicht durch unsere Anwesenheit stören.

14 | Täuschung

Das hinreissende Lächeln
aus der eisgefrorenen
Kälte des Schmerzes geboren.
Traumverschleierte Blicke,
die krustigen Schorf
über den Narben des Schicksals bilden.

Ein charmant maskierender Augenaufschlag,
der das rohes Fleisch abdeckt.
Zärtliche Berührung,
die die spitzen Dornen verdeckt.

Fliessende Bewegung,
die das gebrochene Gerüst versteckt.
Liebreizende Haltung,
die scharfe Kanten bedeckt.

Kaum gezügelter Zorn,
im Tanz verborgen.
Suchst für Dich eine Hoffnung
und ein Morgen.

15 | Gesang

Ein tiefer, suppender Schnitt ist
in die Fingerspitze
durch den scharfen Glassplitter
zerbrochener Sehnsucht geschlitzt.
Aufgeborstene Narbenränder sind mit Krusten
aus dem getrockneten Salz und Blut
meiner Tränen besetzt.

Glitzernd funkelt Scharlachtau
am Kelchrand unerwiderter Liebe.
Perlend versickert der Schaum
kurz aufleuchtenden,
gleissenden Lichts
unverwirklichter Träume.

Grell steht am Himmel
der Gewitterblitz
zu dem die letzte Erinnerung
an die Hitze
des Sommers
geronnen ist.

Erschlagen fällt
der Falter herab,
weil er dem Hagel
der Enttäuschung
nicht gewachsen ist.

16 | Lebenswidmung

In das warme Leuchten des Stroms
Deines goldenen Lichtes tauchen.
Dunstig heissen Atem
in die geliebten, kleinen Stutzohren hauchen.

Mit meinen Lippen über
die Samthügel Deiner
milchigen Satinhaut streichen.
Zart über die Narbe
an Deinem Ellenbogen gleiten.

Den scharfprickelnden Salztau
Deines Schweisses kosten.
Dich in meine offenen Arme locken.
Heftig ziehend den ätzende Qualm
aus Deinem aufglühenden
Zigarettenstummel saugen.

Mich vertrauensvoll an Dich schmiegen.
Dir lächelnd in die Augen blicken.
Hingegeben an Deiner Seite liegen.
Mit zärtlichem Griff die Hand in
Deinen warmen Nacken legen.

Rund den Bogen
Deines Nabels spüren.
Das Beben Deiner
gespannten Flanke fühlen.

Tief Deinen Moschusduft
und den Jungmännerstressgeruch wahrnehmen.
Jeden Augenblick in meinem
unverschlossenen Herz bergen.

Diese Erinnerungen herbeizuholen
widme ich, Dir ergeben
jede Sekunde, Minute, Nacht und Tag
und jeden Atemzug meiner Gegenwart.

17 | Brief

Pfeifen war Dir eine Lust.
Aber auch die Milane und Falken pfeifen.
Deine Pfiffe weckten nicht nur Freude,
sondern auch Wut.
Eine junge Frau wollte
Dich angreifend vertreiben.

Ich beobachtete das mit offenem Mund
und versuchte, was geschah zu begreifen.

Deine leichtfertigen Worte und Provokationen
flogen Dir da wie Geschosse um die Ohren.
Ich wünschte – so betrachtet,
dass Dir etwas anderes als handeln verblieben wäre,
dass Besinnung Dich schützen würde.

Es wäre so schön,
Du fändest eine Möglichkeit,
Deinen Witz und Dein Talent zu führen,
statt davon geführt zu werden.

Ich wünschte, Du könntest beides erden.
Dein schönes, helles Licht soll leuchten,
aber Dich nicht verbrennen.

Ich hoffe so sehr, Du findest Deinen Weg
auf dem Deine Lebensflamme Dich trägt
ohne Angst, dass Du von ihr verschlungen wirst.

18 | Fernsicht

Sich Dir mit geöffneten Augen zu nähern,
kommt dem Schälen ein scharfen Zwiebel gleich.
Deinem Glanz
zu verfallen,
gleicht dem riskanten Tanz
einer Motte um ein helles Licht.

Nur in der Ferne
kommt man Dir friedlich nahe,
weil man dann
Deinem Trotz und
den abwehrenden Armen
ausweichen kann.

Als Scheme am Horizont
sieht man Dich deutlich.
Deine Konturen zeichnen sich klar ab.
Wenn man auch auf die Lust,
Dich zu berühren, so nicht hoffen darf.

Erst in der Distanz
bist Du gut zu erkennen,
weil keine der Tränen,
die der Nähe entspringen,
den Blick verschleiert.

Man kann Dich dann leise
bei Deinem Namen nennen
und innerlich das melodische Echo
Deiner unverstellten Antwort hören.

19 | Nachtrag

Tösend fällt hinter Dir
die Tür ins Schloß.
Ich verfluche von Herzen den Tag,
als ich Dir diese Tür geöffnet hab.

Still umbrandet mich das Schweigen,
der gleichmäßig tickenden Uhr.
Leise segeln in der glühenden Hitze
gelbe Lindensamen von dorrenden,
herabgeneigten Zweigen.

Flüchtig steigen
schillernde Blasen
zum gleissenden
Himmel auf.

Sie zerspringen wie Glas.
Denn sie können die Spannung nicht halten.
Durstig gurgelnd rinnt der Bach.
Kein Tropfen stillt sein Verlangen.

Zornig fühle ich zärtlich nach,
wie es war, als ich in Deinen Armen lag.
Bitter lecke ich die Süße ab,
die wir einander gaben.

Sinnend denke ich über die Fragen nach,
die die verlassenen Räume füllen.
Zögernd gehe ich Dir nach,
um meinen Hunger nach Antworten zu stillen.

20 | Erwägungen

Könnte ich wirklich die Milch Deiner Bilder verschütten,
wenn ich dem gegenwärtigen Tag entgegengehe?
Kann wirklich die Möblierung in meinem Inneren verrücken,
wenn ich mich von den Gedanken an Dich wegdrehe?

Werden die leuchtenden Farben verfliegen,
wenn meine Netzhaut wieder aufnimmt, was zu meinen
Füssen liegt?
Werden die vergangenen Aromen verblassen,
wenn neue Nahrungen auf meine taube Zunge treffen?

Werde ich aus meinen taumelnden, dämmerigen Träumen
hochschrecken,
wenn der klare Strahl der Mittagssonne auf meine Haut
brennt?
Werde ich das Salz Deines Witzes vergessen,
wenn die warmen Winde des Sommers ihn verwehen?

Werde ich noch Deinem Kuß nachschmecken,
wenn sich meine Lippen über die eines anderen stülpen?
Werden sich neue Freuden einschleichen,
wenn ich das Tau der Verbindung an die Erinnerungen löse?

20 | Ruf

Fahl weisses Mondlicht – die Erinnerung.
Das Andenken an Dich – gedämpfter Glockenton.
Farbverwaschen der Kontrast in Blassblau.
Stumm hallt Dein Lachen über den Flur.

Stumpf – der Abdruck Deines Kusses
auf meinen geschlossenen, überraschten Mund.
Überstrahlt der grelle Sommerhimmel
über dem viel zu kurzen Federballspiel.

Getrocknet – die gelben Blätter der Ranunkel.
Spröde das geschorene Gras.
Süß der Duft des Lavendels,
den ich Dir zur Heilung gab.

Schneidend trennend dein Handeln,
das mich fragend in mich selbst verwies.
Unwirklich die Bilder, die die Silbersichel,
in meinem begierigen Gedächtnis liess.

21 | Gefühle

Unsere Herzen verbanden
sich leuchtend und zart,
wie der Schimmerstaub
der Falterflügel.

Die Spitzen unserer Finger
berührten sich leicht und warm,
wie Tröpfchen auf der Haut
von Sommerregen oder Morgentau.

Ich legte heilend meine Hand
auf Deine verkrampfte Brust
bis der Strom des Atems
wieder floß.

Du nahmst mich schützend in den Arm,
als ein Richterspruch meine Freiheit bedrohte.
Wir traten gebannt an einander heran,
um zu geniessen des anderen Duft.

Dein Lachen zu hören,
war der betörendste Genuss.
Schroff liesst Du mich wieder los.
Zögernd warte ich noch.

22 | Verdruss

Ein heisser, böiger Abendwind
weht in der frühen Dämmerung
und rupft an den Kronen der Linden.
Vorm Fenster knattern Mopeds vorbei.

Ich höre hier drinnen
die Zeit leise tickend verrinnen.
Betäubt stiere ich starr
auf den fahl leuchtenden Monitor.

Ich kann die Leere nicht füllen.
Nervös schiebe ich Strähnen
hinter das rechte Ohr.
Aus den Poren des Gesichts
treiben Schweisstropfen hervor.

Ich sauge gereizt das Salz
von den Lippen.
Mir fehlt die Zuversicht, dass ich bald,
den Verdruss und schalen Geschmack
der Unlust überwinden kann.

Wie schnell waren die Rosen verblüht.
Verflogen in wenigen Tagen
ist der Duft des Flieders.
Die Nachtigall singt schon nicht mehr.
Der kurze Augenblick des Aufbruchs
ist schon vorüber.

24 | Hinreichend

Ganz gleich,
ob mein Schwanengesang
je erwidert wird,
dass ich singe,
ist schon Lohn.
Ungeachtet des Erfolgs meiner Verse,
dass ich die Bilder darin der Welt anvertraue,
ist schon Ruhm.

Es mag sein,
dass Du mir nie Dein Ohr wieder zuneigst,
dass ich es vor mir sehe,
ist schon Glück.
Auch wenn es nur vorwärts geht,
meine Erinnerungen an Dich
begleiten mich stets.

Es ist möglich,
dass Du meinen Duft
bereits vergessen hast,
dass Du mir Deinen gabst,
reicht hin.
Vielleicht teilen wir nicht
dieselben Träume im Schlaf,
es genügt, wenn ich Dich
in meinen wiedersehen darf.

25 | Dank

Ich lobe den Tag,
an dem der Kosmos
Dir Dein Leben gab.
Du füllst es schön.

Ich danke Dir,
dass Du so unverwandt und grad
in den Spiegelsee meiner Augen sahst.
Du gelangtest hinab
bis auf den Grund.

Ich preise Deinen
tastend warmen Mund,
der mir zu trinken gab,
als mein Herzensbrunnen fast verdorrte.
Er ist seither eine freigelegte Quelle,
die purpurn strömt und sprudelt.

Ich besinge Deine zärtlich greifende Hand,
die ein seidenfeines Band
zwischen uns gespannt hat,
das das Da bis zum Jetzt verbindet.
Es gab mir Sinn durch die Sinne.

Ich zupfe aus den Saiten
der Wortharfe perlende Töne,
das Beben nachzumalen,
das Deine Lächeln in mir auslöste.

Dein Strahlen leuchtet brillant,
wie die Tautropfen
in der Morgensonne
auf duftenden Rosen.

Ich tanze für Dich
und nehme den Wind in den Arm,
der Deinen feinen Geruch zu mir getragen hat.
Er blies mir die steten Gedanken an Dein Los,
wie flatternde, schimmernde Fahnen heran.

26 | Nachtruhe

Silbern zittern die Klänge
nächtlicher Sommertöne.
Wie in einer Muschel geborgen
umhüllt die schwere, wärmende Decke
den gebogenen Rücken.

Müde träumend versickern die Stunden.
Vom Takt der Zeit ist das rastlose
Herz für eine Weile losgebunden.
Es kann ohne Sorgen ruhen.
Auf dem Lager strecken
sich die Glieder hingegeben.

Das Blut pulst summend
in gleichmäßigem Strom.
Die kühle Luft erfrischt die Lungen.
Die Stadt tankt auf.
Das samtene Dunkel haucht
uns Freundschaft zu.
Die Nacht heilt unsere Wunden.

27 | Lied

Nimm mich mit.
Laß mich nicht zurück.
Mit Dir möchte ich vorwärts gehen
und hoffnungsvoll in unsere Zukunft sehen.

Wende Deinen Blick
auf mich zurück,
Wenn Du es brauchst,
wirst Du von mir gestützt.

Nimm mich mit.
Laß mich nicht zurück.
Mit Dir möchte ich vorwärts gehen
und hoffnungsvoll in unsere Zukunft sehen.

Gib mir Deine Hand,
ich zerre nicht dran,
zusammen kommen wir leicht voran.

Ich streiche Dir die Angst
aus der Stirn
und gebe Dir Halt
im gemeinsamen Tanz.

Nimm mich mit.
Laß mich nicht zurück.
Mit Dir möchte ich vorwärts gehen
und hoffnungsvoll in unsere Zukunft sehen.

28 | Meditation

Der Sturm beugte die Halme.
Sie neigten sich tief.
So wie sie sich heute leicht
in der Brise wiegen.

Die Flut sog die Algen mit sich,
sie trieben mit.
So wie sie heute ruhig
mit der sanften Strömung fliessen.

Der Regen presste die Tropfen
prasselnd gegen die Fenster.
So wie sie heute im Wolkentupfer
am Himmel stehen.

Im Herbst riss der Wind
das Laub von den Bäumen.
So wie es heute
saftig grün an den Ästen hängt.

Die Dunkelheit der Nacht
brachte Fieber.
So wie der Tag heute
glänzend in der Sonne liegt.

Gestern ging ein Traum vorüber.
So wie das Morgen
neue Träume bringt.

29 | Minnesang

Fünf Silbermonde sind vergangen
seit wir einander hingaben
und glücklich stillten
unser zärtliches Verlangen.

Diese Begegnung liess
eine viel grössere
Sehnsucht
in mir wachsen.

Meine Lippen blühten
von Deinen verständig kosenden Küssen
und tränken gerne mehr
vom sinnlichen Begehren.

Um mich zu schützen
gingst Du wortlos fort.
Bist auf der Suche
nach dem Lebensort.

Ich hoffte doch, Du könntest ihn
in meinen Armen finden.
Du aber tappst taumelnd voran
und übersiehst meine Dir entgegengestreckte Hand,
denn was Du besitzt,
möchtest Du durch eigenes Besinnen erringen.

Du bist ein junger Held,
der ausstreift in die Wagnisse der Welt,
so wie die Sagenlieder es besingen.
Du schaffst die Abenteuer Dir,
um in ihnen ganz am Schluß zu siegen.

30 | Flüstern

Ich kann wohl nicht mehr zu Dir gelangen.
Zwischen uns liegt, so scheint es,
eine unüberbrückbare Kluft
von Erfahrungen und Jahren,
doch ich widme Dir ganz
meine Sehnsucht und Gedanken.

Du hast Dich hinter einen
undurchdringlichen Tarnnebel verkrochen
und die zarte Verbindung
zwischen uns wortlos abgebrochen.
Ich wünschte, meine lautlosen Rufe
würden an Dein Ohr gelangen.

In Dir bohrt ein tödlicher Schmerz.
Er presst Dein hungerndes Herz.
Wie sehr hoffe ich, Du lernst,
behutsam die Fesseln zu lösen.
Ich möchte Dir wärmende Lichtstrahlen
senden.

Es ragen Trauer und Angst himmelhoch
zwischen uns auf.
Sie nehmen den Blick
und ein Trost
ist so nicht möglich.
Ich wünsche doch,
Du wendetest Dich zu mir um.

Ich habe noch
ungezählte leise Antworten
und stille Fragen
für Dich.

31 | Beobachtungen

Schimmerndes Haar.
Schillerndes Lächeln.
Glimmendes Rot.
Lockendes Tänzeln.

Zaghaftes Fragen.
Zögerndes Sprechen.
Zärtliches Flüstern.
Lüsternes Wispern.

Schamhaftes Schwitzen.
Glückliches Glucksen.
Aufrechtes Sitzen.
Scherzendes Necken.

Dunkles Zürnen.
Loderndes Blicken.
Trockenes Schlucken.
Hämmerndes Pochen.

Fülle des Lebens – heruntergebrochen.

32 | Regen

Rieselnd fallen die leckenden Tropfen
vom Himmel herab.
Sie rinnen im Bordstein zusammen
und gurgeln in den Gulli hinab.

Der Regen schwemmt strömend
den Staub, Schmutz und Geruch
aus der Luft heraus.
Die glänzenden Pfützen spiegeln
der Wolken bleiernes Grau.

Die Feuchtigkeit bringt
erfrischende Kühle herbei.
Die Strassen werden gewaschen.
Ein gleichmäßiges Klopfen
pocht auf die Fensterbleche.

Die Reifen spritzen schmatzend
auf dem dunklen, gereinigten
Asphalt.
Ich sitze unter der warmen Decke
im Zwielicht und horche
wie der gedämpfte Strassenlärm verhallt.

33 | Augenblick

Wenn ich in Deine Augen sehe,
blicke ich durch ein dunkles Tor,
so als ob ich nachts in die sternenbesetzte
Tiefe des Kosmos schau.

Dann hebt sich ein Schleier
und öffnet die Sicht
auf Dein inneres Funkeln
und Glimmen.

So leuchtet Deine Glut,
wie die eines schönen Katzentieres.
Ein Lodern verrät Deine brennende Gier,
bereit Dich und mich zu verschlingen.

Wir sehen gebannt,
was das Strahlen entfacht
und ob wir das Zögern besiegen.
Doch stattdessen lassen wir
das Mögliche weiterhin schweben.

Nicht immer ist Glück,
die Hand des anderen
tatsächlich zu ergreifen.
Es ist von anderer Wucht,
in einem Blick
den Takt des Herzschlags
des anderen zu begreifen
und verzückt
in der Möglichkeit zu bleiben.

34 | Weder Du noch ich

Unsere Begegnung war göttlich.
Nackt und bloß haben wir einander offenbart,
das Eigene, das im anderen lag.
Du trafst Dich selbst, als Du mich sahst.

In des anderen Licht
haben wir das eigene erblickt.
Die Liebe floß in uns selbst zurück.
Durch die Nähe kamen wir uns selber nah.

Wir sahen im anderen,
was in uns selber liegt
und spiegelten daher
ineinander uns selbst zurück.

So waren wir ineinander
zu uns selbst entrückt
und waren vom Eigenen beglückt,
als wir das Strahlen sahen,
das wir uns selbst im anderen gaben.

35 | Im Ganzen

Indem ich mitteile,
was ich mit Dir teilen möchte,
teile ich mit der Welt.

Da Du und ich nichts
anderes als die Welt sind,
teile ich in Dir mit mir.

So verdoppelt sich
das Geteilte nicht.
Es fliesst in Dir
in mich zurück.

36 | Aufgewacht

Jedes Wort an Dich
richte ich an mich.
Es ist mir endlich gelungen,
mich selbst in Dir zu erkennen.

In Dir sehe ich, was die Welt erhält,
die in Wirklichkeit das eine ist,
so wie auch ich darin
nichts als dasselbe Licht bin.

Was wirklich ist,
das ist das Netz,
worin das Viele
miteinander identisch ist.

Darin haben Du und ich
keine Wirklichkeit oder Substanz
es vergeht nicht,
noch ist es geschaffen.
Es ist eins.

Wenn wir etwas anderes schauen
sind wir blind,
wir halten fest an einem Bild
und sehen nicht,
dass nichts vom Ganzen
unterschieden ist.

Ob Geist, ob Herz,
ob Fleisch, ob Blut,
in sich ist alles gleich,
es ist nicht schlecht,
es ist nicht gut.

– Nur das Gleiche,
was sich selber sucht.

Wir sind nicht
und nicht von der Welt geschieden
und daher besitzen wir nichts
und sind alles.
Nur die Angst
sich von dem Bild zu lösen,
führt in den Kampf
und in den Schmerz.

Und doch, als Mensch geboren sein,
ist ein besonderes Geschenk,
das das Gleiche sich gab,
weil es sich die Möglichkeit gab,
sich in sich selber zu erkennen
und von der Suche zu entbinden
und sich in allem auch
mit dieser Freiheit zu beschenken.

37 | Freude

Ach, als Du gingst,
ging ich selbst zur Tür hinaus?
Als Du mich küsstest,
war ich's selbst,
die sich diesen Kuss erlaubte?

Der ausgespielte Zorn,
den Du mir gabst,
war meiner?
Der Abenteurer, der unter Brücken schläft
und Händeln nicht ausweicht, bin ich selbst?

Die Macht mit der Du mich anzogst,
war meine eigene Kraft?
In Deiner Unbekümmertheit,
habe ich mich über mich gefreut?

In Dir weile ich selbst
in der Ferne?
Wenn ich Dich liebe,
habe ich mich selber gerne?

Und wenn ich die Gedanken
auf andere richte,
bin ich's selbst, die ich erblicke?
Nur wenn ich denke,
dass ich abgeschieden sei,
bin ich blind?

So sage ich zur Welt:
„Ich liebe Dich mein Kind."
Und lerne jetzt,
ich meine mich selbst darin,
schon weil ich von ihr
nicht verschieden bin.

38 | Stille

Da nichts besteht,
was mich trennt
erfüllt mich Ruhe.

Da alles in mir wohnt,
streif ich nicht aus.
Auch vor dem Tor
betrete ich zuhaus.

Da nichts mehr fremd
und alles Schein vom gleichen Schein,
sich in sich selber krümmt,
berührt es mich mit mir selbst
und lehrt mich Liebe,
denn das ist es, was ist
und ich leicht zurückgebe.

39 | Gischt

Das „Ich" ein Schaum
als Krone einer Welle.
Nur etwas Gischt,
die schon verlöscht
und keine Wirklichkeit besitzt.

Das Wirkliche streift sich ein „Ich" über
und bündelt und nährt so Energie zur Projektion des „Ich",
das fantasiert, es erschaffe etwas Eigenes
und übersieht was es wirklich ist:
Tau in Tau.

Geschaffen hat sich das Wirkliche
aber im Menschen eine Form,
die Zugang zu Bewußtsein hat.
Mit ihm wird das Wirkliche
über sich selber wach.

So kann sich es sich
mit Freiheit aus dem Zwang
beschenken, etwas zu erschaffen,
was es nicht ist und nicht sein kann.

Es kann sich dann mit sich selbst verbinden
und lösen, was es an das Traumbild kettet.
So kann es sein Wesen in die Freiheit lenken,
so dass die Liebe ungehindert strömt.

40 | Meditation

So beobachte ich Dich
und erblicke mich.
Ich laß Dich gehen,
denn ich kann mich nicht verlieren.

Die Freude, die Du mir machst,
bedeutet, dass ich mich selbst anlach.
Die Ungeduld meint mich selbst.
Der Trost heilt meinen Schmerz.

Die Liebe und der Zorn auf die Welt,
das sind Gefühle für mich selbst.
Das Glück, die Freude und das Leid,
das ich erkenne, erkennt mich selbst.

Die Freundlichkeit, mit der ich mich
der Welt zuwende,
ist, was ich an mich selbst aussende.

Die Güte und die Zuwendung,
die ich mir in Dir spende,
spricht von der Nahrung
auf dem Weg zur Klarheit,
die ich mir weiterschenke.

Das Ich hat keine Wirklichkeit.
So lasse ich die Angst zurück,
denn es braucht nichts,
weil es ja daher auch nicht untergeht.

Die Wirklichkeit betrachtet sich
in der Bewusstheit selbst
und läßt den eigenen Irrtum hinter sich,
der ihm Leid, Angst und Schmerz zufügt
und Ruhelosigkeit und Verwirrung an sich zieht.

Die Pflege, die ich für die Klarheit aufwende,
ist, was die Welt sich selber gibt
und sich dadurch behilflich ist.

So wie sie sich im Irrtum,
über sich selber trügt
und sich im Irrgarten gefangensetzt,
weil sie versehentlich den Irrtum liebt.

41 | Betrachtung

Ruhelos durchwanderte ich die Zeit.
Ich suchte nach Antwort und nach Ewigkeit,
nach etwas, das meinen Durst und Hunger stillt.
Rastlos bemühte ich mich um Halt.

Ich las die Splitter auf
und hielt sie für den Schatz
von dem ich hoffte,
dass sein Funkeln mir die ersehnte Antwort gab.
Doch bei näherer Betrachtung glänzte matt,
was aus der Entfernung viel versprach.

An Jahren ist mein Körper alt,
doch schliesslich habe ich
in Dir und Dir und mir
den gleichen Glanz erblickt.

Es gibt kein Gold, dass so glänzt,
wie die Welt, die sich selbst erkennt.
Willkommen in der Wirklichkeit.

Das Lied, der Ton, der Baum, das Meer,
wir sind das gleiche Licht,
das sich im Menschen selbst besieht.

Gedanklich durchbricht das Licht
im menschlichen Verstand
den eigenen Irrtum
und setzt sich frei.

Es löst die Ketten der Gefangenschaft
und begegnet danach allem in Selbstverständnis
und geduldiger Freundschaft.

Es gibt nichts Höheres, Grösseres oder Kleineres
als die Wirklichkeit.
Sie, und damit wir,
sind in ihr ineinander verschränkt,
so dass alles liebevoll aus
gleichem Stoff zusammenhängt.

Die Hingabe daran
ist Hingabe an sich selbst.
Man wird im Kosmos
mit sich selbst bekannt.

Es ist wohl noch ein feinerer Strom
als Elektron oder Atom.
Wie immer man es auch nennt,
was über den Atem
in uns als das eigene Feuer brennt.

Wir spüren es mit der Vernunft auf,
die Liebe ist.
Denn aus Irrtum und Illusion füttert
sich die dunkle Angst,
die das Licht maskiert
und dann verirrt gegen sich kämpft.

So ist die Reise zur Wirklichkeit des Selbst
der erste Schritt zur Wirklichkeit der Welt,
bei der man erkennt,
da ist nichts, was sie von uns trennt.

42 | Gruß

Wenn ich mich in Dir so betrachte,
erinnere ich mich,
wie ich einstmals auch so lachte.

Wie ich voll Hoffnung war
und auch voll Angst.
Welch Schmerz und Trauer
mir den Atem nahm.

Dein Stolz, der Dich
jetzt von mir trägt,
er macht mir Freude,
weil er sich mit Dir
in mir regt.

Die Ängste lasse ich jetzt los.
Für mich existiert im Tod kein Tod.
Nur Leben bis zum letzten Atemzug,
dann laß ich mich und meine Hülle los.

Doch noch pfeif ich ein Lied.
Noch schwing ich mit der Welle mit.
Noch hebt und senkt sich meine Brust.
Nur dass ich nichts mehr
für mich erobern muß.

Was wirklich ist,
das ist das Licht.
Das ist, was ich überall erblick.
Und nur aus Irrtum verdüstert sich's.

Im Menschen schenkt sich
die Welt, den Irrtum zu erkennen
und nicht mehr Illusionen hinterherzurennen,
stattdessen freundlich mit sich umzugehen.

Ich wünsche Dir,
einen guten Abend.

43 | Tao

Es hilft kein Wall
gegen die Veränderung.
Es ist bewegt
und bleibt doch stet.

44 | Meditation

Streiche mit den Wolkenhänden,
weil nichts entsteht
und nichts vergeht.

45 | Spätsommer

Da das Fach in Bücherwand,
dort liegt seit einiger Zeit
unordentlich und kraus,
das, was Du von Deinen
Sachen zurückliesst.

Wohne hier noch,
doch erkenn's nicht mehr.

Die Topfdeckel klappern
sporadisch,
Blechernes Schallen in die Stille
– einschüchternd.
Simulationen von Phantomen.

46 | Traum und Wirklichkeit

Die Gastfreundschaft der Nomaden
erfreute mich schon oft.
Ich lud sie in mein Zelt ein
und war bei ihnen zu Gast.

In sternenklaren frostkalten Nächten,
ob es Tee oder Hunger war,
wir tauschten höflich Geschichten,
die manchmal gut dagegen waren.

Am Morgen in der Wüste,
denke ich an die Oasen
auf meinem staubigen Weg.

Ich pflücke eine Feder
vom Daunenkissen
und stecke sie in mein Haar,
greife nach der Uhr,
die neben dem Bett
auf dem Nachttisch liegt,
während meine Gedanken
bei einem entfernten Wanderer sind
und hoffe, dass er unsere Hochzeit
morgen nicht versäumt.

47 | Was wird aus mir?

Andere, die brechen gut gerüstet und stetig
in die Zukunft der Apokalypse auf.
Sitz nur ich da und frag mich,
dürfen die das ohne mich denn überhaupt?

Was soll ich tun?
Wer kann ich werden?
Bin ich mit schrumpfenden Einssiebenundsechzig
nicht mehr mit von der Partie?

Sagt mir bitte, was soll ich werden,
damit ich hinaus kann, so wie sie?
Gerade erst neulich bemühte ich mich wirklich,
doch andere träumen anders.

Ich sehe so viele Menschen hungern.
Am Ende gewinnt die Bestattungsindustrie.
Das werde ich vorerst quicklebendig verhindern,
denn ich bin schlauer als sie.

#Dichter_Challenge

Bei einem Zwangsaufenthalt in einem Wartesaal
zwischen zwei Kaffee
suchte ein junger, mir unbekannter Mann
einen unverwandten, tiefen Blick
in meine Augen und sagte
unvermittelt und bedeutungsschwer:
„Ich möchte nur eine Freundin.
Ich bin gar nicht anspruchsvoll."

In seinem beigen Rauschebart
leckte ein Regenbogen in einem Tropfen.
Erschrocken und perplex schwieg ich höflich
dazu, auch gerade glücklich
in einen anderen von mehr Charmantz verliebt.
Verdrossen und unfreundlich rumpelnd
zog er darauf von dannen.

Was ich über Menschen denke,
die Kupplung, Zündung, Gas und Bremse
nicht verstanden haben?
Ich staune. Ist es meine Pflicht,
dass ich sie Besseres lehre?
Reich ich ein Taschentuch
dem armen Mann?

48 | Ansichtssache

Du trägst seit einer langen Weile
Deinen finsteren Scheinwerfer
an einem anderen Ort.

Ich sollte mich sputen,
doch noch erhoffe
ich mir mehr von
meinen Träumen.

Ich besitze im Gedanken an Dich
eine Wunderlampe,
denn mit ihm schenke ich mir Glanz
in das trübe Tageslicht.
So weiche ich seinem Bellen aus.
Es ist etwas an dem ich mich
im Taumel der Unlust festhalten kann.

Wider alle Einsicht,
fülle ich den Tag noch einmal
Mit Deinem Zauber und
mit Beschwörungen aus.

Ich sitze an einem Tisch
vor der Kneipe
während ich mir Nico und
Enricos Kunstwerk anschau
und wünschte, ich köpfte
ganz einfach
das namenlose Ungeheuer
das auf mich zukriecht
mit den Waffen einer Frau.

49 | Wir teilen Brot und Salz

Ich sollte die Nachgekommenen
mit Brot und Salz begrüssen.
Ich weiss ja selbst, wie es beim Reisen ist.
Erinnern will ich mich an jeden,
der dabei in Gefahr und Schlimmeres geraten ist.

Es greifen nach mir die unerzählten Geschichten
von denen, die gestern und jetzt im Schatten stehen.
Sie ringen um Worte und einen Platz zum Leben
vertrieben von Unwissenheit, Gewalt und Hass.

Es kann nicht gehen, wenn ein Mensch eine Nummer
in einer Verwaltungssache ist.
Noch sitze ich in meinem Versteck
und stopfe meine Hemden,
die verschlissen und löchrig sind.
Doch in Gedanken bin ich mit Dir
mein lieber Freund.

50 | Geliebter

Als ich an Deiner rechten Seite ging,
was mir schwerfiel,
wiest Du mich daraufhin,
dass ich Dir den Flügel nahm.

Du bist ein junger,
aber ganz mein Mann.
Du hast um meine Hand angehalten,
ich sage – ja.

51 | Ich lächele

Ich lächele, weil ich an Dich denke.
Nur Dir werfe ich meine Blicke zu.
Ich freue mich, dass ich erkenne,
wie dumm ich war.
Und feiere, dass es Freunde gibt.

53 | Ausseinandersetzung?

Komm zu mir. Ich möchte Dich sanft halten
und wieder loslassen.
Wir reden endlos, tanzen und schweigen miteinander,
geben einander Kraft, um die Wege zu begehen,
die wir noch zu gehen haben.

Ich wünsche mir, dass Du hier bist,
und wir einander die Tränen ausstreichen,
die sich mit dem Salz unseres Schweisses vermischen.

Es gibt Menschen, die halten sich für frivol,
weil sie die Liebe begehren.
Inmitten all des Unglücks,
das brutale Intriganten heraufbeschwören.

58 | Klares Wasser.

Für Dich.
Für Dich schöpfe ich.
Für Dich schöpfe ich klares Wasser.
Für Dich schöpfe ich klares Wasser
in der hohlen Hand.

Damit Du Deinen Durst
gesegnet löschen kannst.
Dir streiche ich die verschwitzte
Locke aus der Stirn.
Denn das Ernste an Dir,
das habe ich gern.

Dir halte ich die hohle Hand
vor die aufgerissenen Augen,
damit Deine Entzündungen genesen.
Dir lege ich die beruhigende Hand auf's
verkrampfte Herz, damit sich die Spannungen lösen.

Neben Dir wandere ich
am Tag und ruhe in der Nacht,
um unseren Raum auszumessen.
Ich tunke Dein Brot in das Öl
und reiche Dir ein Stück Käse vom Schaf.

58 | Mit Dir.

Wir haben geplant nach
Hongkong zu wandern.
Wann geht es los?
Macht man einen Umweg
über die Seidenstrasse?

Zuerst sollten wir hinauf ans baltische Meer
und dort entlang über Polen und Litauen
nach Russland. Dann Kasachstan, Kirgistan
China. Vielleicht bleiben wir im Maisfeld stecken,
wie Tschick.

Wir gehen Seite an Seite.
Stehen Rücken an Rücken.
Mit Dir möchte ich das erleben.
Wir würden auch Hunger
und Durst überstehen.
Und Weihnachten in Hongkong
einen gelben und einen grünen
Regenschirm nehmen.

Noch sitze ich in meiner Wohnung
und hoffe, Du bist wild genug.
Jetzt wird es wieder kühler,
dann ist man gut zu Fuß.
Komm Du.
Sei Dir nicht zu schade.
Wir tanzen zum Dach der Welt.

59 | Wünschte Dich hier.

Dein bittersüßes Lächeln.
Dein rotgelocktes Haar.
Das Blitzen Deiner Augen.
Die spottgekräuselten, vollen Lippen.
Das Zwirbeln Deines Barts.

Dich möchte ich wieder küssen.
Dir in die blaue Iris sehen.
Mit meinen lüsternen Blicken,
Deine Apfelbacken fassen.
Ich lasse die anderen stehen.

Wir tanzen wieder Reigen.
Wir schwingen uns wieder auf.
Mit unseren Gedanken reichen
wir bis zum Himmel hinauf.
Wir schmelzen mit unseren weichen Lippen
und der rosenen Zunge,
den anderen wie einen Karamellutschbonbon.

Wünschte Dich hier oben auf meinem
Mondbalkon.
Wir könnten herrlich schweigen
und lachten alles Dumme frech davon.

60 | Endlich duftet's nach Erde durch die geöffnete Balkontür.

Von den Blättern der Weiden
vorm Fenster lecken die Tropfen.
Die Pfützen spritzen
unter den Reifen.

Der bleierne Himmel
trägt nasse Lasten.
Das pochende Klopfen
des Regens auf den Fensterblechen
mischt sich mit Blicken
auf das feuchtglänzende Laub der Linden.

Mühsam huscht der blinkende Cursor
über das Weiss des Monitors.
Leise klappern die Tasten,
wenn die Finger Worte setzen
und von leisen Geschichten berichten.

Ein Kaffee bringt Konzentration
und einen roten Faden
in geschriebenes Vortragen.
Die Verse kennen nur eine Melodie.
Sie gestaltet Dein Bild als Poesie.

61 | Vermögen

Mit der Tastatur dem Leben
Glück und Sinn abringen.
Pochendes Leben aus Gedanken
und Worten spinnen.

Der Dunkelheit Farben entreissen.
Glockenklang der dumpfen Stille verheissen.
Silbertöne aus Asche schmieden.
Blauseidene, schimmernde Samtbögen biegen.

Klappernd die Finsternis zerschneiden.
Leere Wortwüsten zerpflügen.
Ironiegift spritzen.
Den Sarkasmus spitzen.

Federleicht die Trübsal ausharken.
Poliertes, lackiertes Plastik zerkratzen.
Tremolierend Stumpfsinn demaskieren.
Schmerzende Herzen massieren.

Mit dem Federkiel Dummheit aufspiessen.
Der Lustfeindlichkeit volltönend entgegentreten.
Bedenken herzhaft verlachen.
Das ist mit Poesie zu machen.

62 | Nicht anderes

Es gibt nichts Schöneres im Hiersein,
als unsere Liebe zu beschwören.
Du magst am anderen Ende der Welt sein,
doch ich hoffe, auch dort wirst Du mich hören.

Der Herbst ist da und
singt sein Lied voller Sehnsucht.
Ein neuer dunkler Winter wird kommen,
doch ich nehme bei dem Bild von Dir
vor der Düsternis Zuflucht.

In dieser ach so umtriebigen Welt
ist mir nichts so wichtig,
wie die Stunde mit Dir,
die mit ihrer Wärme und ihrem Glanz
mein Herz unter Deinen Schutzmantel stellt.

Wie froh wir waren
und wie freundlich.
Wie glücklich wir scherzten.
Wie wir zitternd bebten,
wenn wir nebeneinander schwebten.

Dir bin ich zugetan
– für ewig,
all der graue Alltag ist mir unerheblich.
Ich webe einen Teppich
aus Worten und Versen
Er leuchtet rot und silbern,
wie unser Haar.

Ich kleide mich in die Seide
Deiner milchigen, sommersprossenen Samthaut
und sehe vor mir,
wie Du mich eindringlich anschaust.
Falle in die Tiefe Deines Blicks.
Stoße mich dort vom Grund ab,
wie vom Boden eines klaren Sees.

Das Frühjahr und der Sommer umtanzen uns
und unser Glück.
Sie prägen sich in die Lächelfalten unseres Gesichts.
So gelingt mir, wenn ich an Dich denke,
zu preisen das günstige Geschick,
das Dich mir über den Weg führte
und das mich befreite aus
der Umklammerung der Finsternis.

63 | Du blicktest

Du blicktest mich an.
Ich sah zurück.
Du griffst meine Hand.
Hab Deine sanft gedrückt.

Mit Dir war die Liebe
ein schönes Spiel.
Sie schmolz unsere Herzen
und hatte kein bestimmtes Ziel.

Wir haben erforscht,
was den anderen bewegt.
Wir haben uns voll Vertrauen
zueinander gelegt.

Du warst eine Flaumfeder,
ich Dein zausender Wind.
Wir zeigten einander,
wie schön zärtliche Überraschungen sind.

Wir schlichen umeinander.
Tanzten Feuer herbei.
Fluteten des anderen Nabel
mit brummendem Beben.

Lachten entzückt Ängste entzwei.
Wir hielten im Schweben
die Kühnheit und Lust.
Empfanden die Schönheit
eines erfüllten Kusses.

Wir schürten die Flammen
und gaben uns hin,
denn allein darin liegt
des Lebens tieferer Sinn.

64 | Was zählt

Frage nicht,
wieviel Freunde habe ich.
Rechne nicht
mit ewig selbem Geschick.

Kalkuliere nicht,
welchen Eindruck mache ich.
Verdecke die Gegenwart nicht
durch Vergangenheit, die Du türmst.

Beharre nicht auf erloschenem Glück.
Öffne Dich für das, was ist.
Improvisiere über eine bekannte Melodie.
Hole Dir Pfeffer aus der Fantasie.

Staune statt aus der Gewissheit zu leben.
Spüre die Freude des Noch-Nicht-Gekannten.
Geniesse es dem Beben zu begegnen.
Horche wie die Töne der Erdkruste vibrieren.

Laß den Wechsel von Schatten und Licht
durch Dich fliessen.
Laß Dich durch Sorgen nicht belasten.
Geh voran, Du wirst was kommt
als unbekanntes Land begrüssen.

Lege nieder Deine Angst.
Gehe auf das Neue zu und tanz.
Umarme Dich selbst
und vergiss nicht,
es kommt drauf an – auf Dich.

65 | Herbstmontag

Heute nimmt ein trübes Licht
vorm Fenster jede weitere Sicht.
Auf Fensterbleche klopft es sacht.
Es pocht und tropft.

Fahl strahlt der Monitor.
Suchend huschen die Finger
über die Tastatur.
Wolkenfetzen ziehen am Himmel vorbei.

Der erste Herbststurm ist da,
der Blätter von den Wipfeln reisst.
Du bist in L.,
ich hoffe sehr,
Du schickst Dich als
wärmende Glut zu mir.

Was suchst Du draussen?
Komm herein.
Ich bedecke Deine Nacktheit
mit der Wolle meiner Locken.

So sitze ich und träume vom Glück
mit dem Du mich im Frühjahr
so hinreissend verzückt.
Du bist mein Löwe.
Ich Deine Braut.

Jetzt singe ich leise
und denke zurück.
Ich habe dem Herbstwind
meine Melodie anvertraut.

Statt Deiner Hand
streichelt er sanft
mein Haar und bläst
betörend die Erinnerung
an Deinen Duft heran.

Er weiss bereits,
dass selbst im Winter,
die Sehnsucht Liebe
wahrmachen kann.

So ist der Hauch des Windes
bis ich Dich wiedersehe
mein strahlend schöner Mann.

66 | Wanderschaft

Im Winter durchstreifte ich einige Tage einsam
die frostigen, schattigen Strassen
der dänischen Hauptstadt Kopenhagen.
Mir begegneten viele ausgehungerte,
magere Gestalten.

Vergeblich suchte ich ein warmes Lachen.
Erleichterung fand ich nur in der Weite des Hafens,
wo es windstille, geschützte Plätze zum Sonnen gab.
Die Härte und Rohheit der Menschen
erschreckte mich.

Bis dahin dachte ich
die Gastfreundschaft Skandinaviens
kenne keine Grenzen.
Nun hatte ich zum ersten Mal
eine ganz andere Sicht.

Es gibt in Dänemark
hart kämpfende Menschen.
Die Besitzenden interessiert das nicht.
Sie bedenken solche mit Hohn und Aggressionen
und glauben für einen Schlafplatz prostituieren sie sich.

Mir scheint es allerdings wahrscheinlich,
dass es hierzulande nicht viel anders ist.
Konkurrenzkampf macht die Herzen eng.
Güte gilt für die, die Verkörperung
und Versprechen von Glanz sind.

67 | Warten

Der Herbst ist da,
also auf den Frühling warten.
So wie die Bäume
durch den Winter schlafen.

Du weilst in der Ferne,
ich betäube meine Lust,
denn nur nach Dir sehne
ich mich gerne
und will nur Deine Hand
an meinem Fuß.

Ich laß den Regen
auf der Kopfhaut kitzeln
und denk mir,
dass es Deine Fingerspitzen sind.
Der Wind darf mich streicheln,
als ob Du mit sensiblen Küssen
bedeckst mein hungerndes Gesicht.

68 | Sprache

Sprache und die in ihr ausgedrückten Gedanken
fügt Leben zu Sinn zusammen.
Sie faßt unverbundene Betrachtungen
zu einer Melodie und ahmt
mit ihren Klängen malend
Bilder zu verdichteten Epen.

Manchmal liegen ihre Farben
in schroffen Kontrasten,
ein anderes Mal in wärmender Harmonie.
Sie hilft mit beissendem Spott
und gutmütiger Ironie.

Wir durchstreifen mit ihr die Leere
und erschaffen Gebilde
von schillerndem Glanz.
Sie ist in einer bewegten Welt
ein Zuhause, das unsere Geschichte enthält.
Mit ihrem Feinsinn vertilgt sie elegant
wüste Öde und dumpfe Ignoranz.

69 | Narbengewebe

Treten barfuß auf einen Teppich
aus messerscharfen, funkelnden Splittern.
Zerschlitzen mit tiefen Ritzen
empfindsame Fingerspitzen.

Verbrennen samtene Haut an glühenden Flammen.
Rupfen an Knoten in verkletteten Haaren.
Spülen schorfigen Grind mit Salzwasser aus.
Qietschend knarzen klingelnde Töne aus
unseren gepeinigten Leibern heraus.

Wie der Meersaum aus dem Strandsand
löschen wir die Spuren an gleissende Freude
aus unserem Gedächtnis aus.

Und endlich erscheint uns das Leben
als das Leid, das es ist,
weil Freundschaft und Liebe
nur amorphe Schemen aus
trügerischen Fieberträumen sind.

70 | Vor der Wand

Ein bleierner Ring aus Schmerz
bedrückt und beengt das Herz.
Trat'st aus unserem lichten Schein
in die samtene Schwärze der Dunkelheit hinein.

Liess Dich ziehen
und folgte Dir
in gemessener Distanz
bis das Dunkel Dich verschlang.

Blieb in der Stille zurück
stand vor einer Wand.
Habe Dich nicht mehr erkannt
und mich eine Närrin genannt.

Ein kalter Hauch
streicht über die Haut
in meinem Gesicht.
Der sprühfeine Niesel
rinnt über die Stirn.

Du bist fort.
Nichts bringt Dich zurück.
Du fehlst.
Doch ich vergesse es nicht
– das Glück.

71 | Winternachmittag

An der blinden Scheibe
kriecht zögernd ein Tropfen herab.
Der Wind fährt in das kahle Geäst
und zupft an einem trockenen, braunen Blatt.

Schweigsam zieht die Dämmerung auf.
Stille liegt wie Blei auf dem Haus.
Über den Himmel gleiten die düsteren Wolken.
Des Tages Farbe heisst Grau.

Die Schultern rutschen zu den Ohren hinauf.
Die Finsternis dämpft jeden Laut.
Im Fenster gegenüber brennt ein elektrisches Licht.
Das Glimmen in Deinen Frühjahrsaugen
erkenne ich in der kalten Dunkelheit nicht.
Aber gerade deshalb erinnere ich mich,
weil ich diese Glut vermiss.

72 | Wunschlied

Streiche sacht und zart
über das Gesicht.
Entzünde den Schein
wärmenden Kerzenlichts.

Schmiege Dich warm
in den bergenden Arm.
Lasse fein, Tränen perlen
in seidig glänzendes Haar.

Sei zärtlich und hold –
Ewigkeit, Tag, Nacht und Jahr.
Vergiß nicht, wie glücklich
jener lustvolle, schmelzende Kuß
zwischen uns einst war.

73 | Traum

Vom Traum heute Nacht aufgewacht.
Alles darin leicht
und mit Energie vollbracht.
Sprengte Erwartungen.
War voller Schwung.

Der Körper kribbelte.
Fühlte mich jung.
Möchte neustarten.
Frei machen vom Klammergriff
starrer Projektionen.

I m Sog freigesetzter Kraft
Veränderungen geschafft.
Hoffe dieses Bild und die Gefühle
ragen in die Tage hinein.
Geben den Schub für ein
anderes Sein.

74 | Lieber

Lieber als Kirschkernkissen
mag ich Kirschkernweitspucken.
Lieber als tropfend fallende Tränen in trübe Tassen
mag ich süße Bonbons naschen.

Lieber als schlaff herabhängende Windsäcke
betrachte ich wehende Bänder.
Statt wässrige Suppe aus tiefen Tellern zu schlürfen
blicke ich lieber über ihre Ränder.

Viel lieber als Seiten zu stechen
möchte ich mit Dir mein Brot brechen.
Und zum Schluß
habe ich statt auf Essen
mehr Lust auf einen schmelzzarten Kuß.

75 | Schranken
Wenn die Schranken fielen
und wir arglos spielten,
könnten wir vielleicht glücklich sein
und uns sonnen in des anderen Schein.

Doch die Grenzen halten
und so bleibt alles beim Alten
und kein Glanz bricht in unsere Tage hinein.
Unsere Gemüter bleiben unbewegt und starr,
wie Berge aus grauem Granitfelsstein.

So bedrückt und beschwert streift kein Licht
unsere Augen in der Dunkelheit.
Wir starren angestrengt hinein
und suchen nach etwas Sicht,
doch die finden wir
in der unbewegten Finsternis nicht.

76 | Verborgen

Verborgen hinter zugezogenen Gardinen.
Klagend über Traumverluste.
Phantasiere Wärme in vorgestellten Mienen.
Tröstende Umarmungen meines Holden suchend.

Nehme Nektar aus Goldströmen.
Pflanze Flammen in den Tag.
Möchte Widerstreitendes versöhnen.
Forme Schwüre, wie ihr's vertragt.

Berge Düsterkeit im Zwielicht drinnen.
Tage, die ziellos verrinnen.
Greife nach Halt in Erinnerungen.
Bin in Gegenwart hineingezwungen.
Wortwolken, die das Tonlose betrachtend
schamgesäumt verstummen.

77 | Watt

Perlender Schaum, der Schlick benetzt.
Venusmuscheln im Sand versteckt.
Mutter Erde, die nackte Beine mit Modder bedeckt.
Angst, dass eine im Boden verborgene Auster
nackte Fußsohlen aufschlitzt.

Gesichter vom frischen Wind gerötet
und von wolkendurchbrechender Sonne erhitzt.
Meerwasserlache, die unter den Schritten aufspritzt.
Ein kleiner Seestern, der in einer flachen Pfütze festsitzt.

Am Horizont eine Hallig.
Das Watt, in dem Priele in der tiefstehenden Sonne blinkt.
Eine Haarsträhne, die der Wind in die Stirn bläst.
Gewaltigen Wolken, die er wie Banner, voran trägt.

78 | Fern

Silberweiss scheinendes Sichellicht.
Zusammengekniffener Augenblick.
Liegst hingegossen vor sehnsüchtiger Sicht.
Streife mit Blicken die rote Locke im milchgetönten Gesicht.

Hauche Reif an rostige Ränder in Nebelwand.
Streiche zärtlich Finger an seidenwarmer Hand.
Greife in kühle Nieselperlen.
Tändelnde Schritte nach fern.

79 | Traurig fällt

Traurig sprüht Wasser perlfein vom Himmel.
Murmelnd gluckst es in den Rinnstein.
Bedächtig hüpfst Du über Spiegelpfützen.
Triefend hängen herab wollene Mützen
.

Klamm klammern sich feuchte Finger an
untergehakte Arme an.
Seufzend schlappen nasse Schuhe voran.
Tröpfelnd hängen triefende Locken hinab.

Spritzend zischen Reifen durch Wasserlachen.
Quietschend schaben Ärmel an Ölsachen.
Leckend tropft der Regen in den Kragen.
Düster dämmernd versinken graue Wintertage.

80 | Fragmente

Samtschwarz schimmert feiner Ruß.
Verloschenes Glimmen roter Glut.
Fahlgrau fettige Asche.
Placken von blättrigen Schichten verbrannter Pappreste.
Eines verbrannten Feuers Fragmente
taugen zum Dünger für neues Wachstum.

81 | Momentum

Kalter Nacken.
Gläserner Blick.
Staksige Äste abgeknickt.
Tropfen tropfen monoton.
Farben bleigrau monochrom.

Klickend ticken Zeiger auf der Stelle.
Unbewegt steht Dunkel vor der Schwelle.
Ruhelos streifen die Augen umher
finden im Ungefähren den Anker nicht mehr.

Brüllend das Schweigen.
Leer der Ton.
Ertrunken im Dämmerlicht
alle Illusion.

82 | Eben noch

Eben noch waren Eure Leiber warm.
Gerade sprachen Eure Münder noch.
Eben wart Ihr voller Träume und Gefühle.
Jetzt ist das alles fort
und Euch genommen.

Euer Platz bleibt leer.
Eure Freunde finden Euch nicht mehr.
Barbarische Morde löschten Eure Flamme aus.
Von Euch kommt keiner wieder nach haus.

Ihr seid die Opfer mörderischer Vorurteile
und tödlicher Sprache
Von rassistischem Wahn,
der Menschen nach Äußerlichkeit ansah.

Man hat Euch brutal Euren Liebsten geraubt.
Wir sind voller Trauer und entsetzt und voll Zorn,
dass Wegbereiter dieser Morde und Anschläge
nicht zur Verantwortung werden gezogen.

83 | Leise

Der Tag dämmert leise.
Gesegnet seist Du auf Deiner Reise.
Zehn Monde sind vergangen,
seit wir einander zärtlich umschlangen.

Wo magst Du sein im All?
Ich vermisse Dein Lachen.
Dir wollte ich die schönsten Verse singen
und Dich mit Silberseidenlocken umfangen.

Hörst Du meiner rufenden Gesänge Hall?

Leise dämmert der Tag.
Ich wiege mich in Schlaf
und wünsche mir samten die Nacht
mit brennenden Träumen an Dich heran.

84 | Nachhall

Die Erinnerung sucht nach Dir.
Schon viele fahle Monde in Sehnsucht
von da nach hier.

Bogen Lichts von gestern
nach heute herübergespannt.
Blicke in blaue Augensterne.
Greifende, warme, pulsierende Hand.

Rotbärtiger Jüngling.
Erfahrener Don Juan.
Bald jährt sich der Zauber,
der sich zwischen uns entspann.

Ein gluckendes Bächlein der Freude,
das im Ungefähren verann.
Ein zärtlicher Kuß,
den ich so gerne besang.

Komm – wir lachen wieder zusammen
und tanzen den Kummer fort
und machen die graue, steinerne Welt
zu einem liebenswerten, leuchtenden Ort.

85 | Dämmer

Zurückgezogen im mittelblauen Zwielicht
hinter zugezogener Gardine
in unfreiwilliger Isolation.
Liege da und denke an gescheiterte Pläne
in denen ihr vorkamt
– samthauchzarte Gesellen
in des Lebens Wanderung.

Geplatzte Träume ohne letzte Träne
ziehen hinein in schmerzlich aufgetürmte Leere.
Falle ins Bodenlose und erreiche keinen Grund.
Es löst sich kein Jammer aus dem Herzen,
nur Ermattung saugt mich zerschlagen
in den dunklen Schlund.

Vor den Fenstern strahlt die Sonne.
Der Frühling prallt zur Strassenseite ab.
Das kühle, dicke Gemäuer bildet die Rüstung,
wehrt die Ansprüchlichkeiten einer Welt in Strahlen ab.
Keine hoffnungsvolle Sehnsucht verhilft zur Verheissung
eines wunscherfüllenden Tags.

86 | Stimmig

Es ist ein sanftes Gleiten
vor himmlischem Azur.
Es ist ein blinkendes Flinkern
am sternbesetzten Firmament
in kühler, klarer Nacht.

Es ist ein träger, schwerer Wellenschlag
ans Ufer aus Granit,
wohin die Sehnsucht zieht.
Es ist das grüne Blätterdach,
der moosbesetzte Pfad
im schummrigen Sommerwald.

Ein zarter Nebelschleier und das Wollgras
im Gegenlicht überm Moor.
Und Dein Hauch an meinem Ohr.
Ein taubesetzter Grashalm,
wie Perlen auf einer Schnur.

Dahin werde ich gedrängt,
wenn nur Schönes zu bedenken
ich mir bestimmt –
dies sind die Bilder in denen alles stimmt
und meine Stimmungen stimmig sind.

Ich schreibe Sie in den Wind.
Damit sie wie Dünen auf Wanderung sind.

87 | Fragen

Wenn man seine Wanderung
allein fortsetzen muß,
ist dann mit dem Kompaß Liebe
zum Gefährten Schluß?

Ist das namenlose Schweigen
nach der Innigkeit
Ausdruck der Trauer,
weil der Verlust auch
für den der abgebogen ungeheuer groß?

Kann das Unbegreifen
einen stillen Vorwurf in sich tragen?
Ist es das, was führt zum Schweigen,
dass wir innerlich den anderen anklagen?

88 | Tagebuch II

Verzeih mir bitte,
heute bin ich mutlos.
Ich seufze und räuspere mich endlos.
Kann nicht hoffen
und planen.

Ein Freund riet zu Ritualen.
Aber zu mehr als morgens Kaffeepulver mahlen,
fehlt mir der Sinn.
An dieser Beschränkung reibe ich mich.
Ich nehme sie nicht leichthin hin.

Ich wünschte, ich könnte aus meiner Haut fahren.
– Etwas begehren
käme mir gelegen.
– Dich innig und entzückt anstrahlen.
Dann würde sich der Planet wieder
in einer gleichmäßigen Umlaufbahn
bewegen.

89 | Tagebuch III

Ich heule und wüte gequält vor mich hin,
weiss nicht, wie der wüsten Welt Sinn abringen.
Drifte auf einem Floß
aus Treibgut auf dem Strom.

Da vor mir ein Strudel
– reisst alles davon.
Einst ging ich geschützt unter Bäumen
auf weich bemoostem Waldboden.

Versponnen in einen Zauberkokon.
Ich nährte von Tau mich
und Blütenstaub
hatte Kraft und trug einen Kranz von Lindenlaub.

Wie bitter schmeckt heute mein Brot,
wie schal ist der Wein,
wie schmerzlich die Pein,
wie geh ich verlassen
und finde mich nicht ein.

90 | Mai

Auf der Kuckuckwiese
wehten die Töne
des Blechbläserensembles herüber.
Maiblau strahlte der sonnengekrönte
Himmel. Die Halme dufteten Geborgenheit.

Die Hummeln summten über die Butterblumen,
die Fliegen flogen träge
und sorglos zogen ein paar Wolken vorbei.
Mutter strahlte und die Zukunft war Verheissung.

Irgendein Fest, vermutlich kirchlich,
aber der gehörten wir nicht an.
Himmelfahrt? Oder Pfingsten?
Sie hat für uns was hingezaubert.

Durch diese Frühlingstore sind wir
in die Welt gegangen.

91 | Morgen

Üppig duftet der violette Flieder.
Die Frühjahrssonne strahlt wieder
vom hochgewölbten Himmel hernieder.
Glänzend beginnt ein neuer Tag.

Obwohl ich – ich gebe es zu –
viel mehr Lust auf Regen hab'.
Helios löst die schmerzenden Glieder.
So verfasse ich neue jahreszeitliche Lieder,
doch angemessener wäre
ein schwelgender Trauermarsch.

92 | Locken

Wie verlockend lockte das Lächeln
in Deinem rotlockig gerahmten Gesicht.
Widmete Dir gebannt meine Aufmerksamkeit
und das eine oder andere Gedicht.

Wie hold und jung tanztest Du mit mir
über den kargen, langen Korridor.
Wir hielten im einströmenden, hellen Licht
der Sonne den Atem an – in jenem Flur.

Du schenktest den Tagen
frohen Zauber und strahlenden Glanz
bevor Du wieder fortzogst
von diesem öden Gang.

Ich suchte auf dem Linoleum
noch lange einen Abdruck Deiner Spur.

93 | Bande

Die Amsel sang, als Du
in der Morgendämmerung
leise Deinen ersten Atemzug tatst.
Dunkle, dichte Locken auf Deinem Köpfchen
als Du neugeboren auf meinem Bauch lagst.

Gegen Überforderung lehnst Du Dich auf,
wirst zornig und wütest gegen mich altes Haus.
In den Abenteuern des Lebens stehen wir einander bei.
Verbergen voreinander unsere Sorgen
und flüstern vorsichtig Gefährtenschaft herbei.

94 | Begegnung

Abends war es noch kühl,
als wir auf dem Hofgang
unsere Runden drehten.
Eine Nachtigall jubilierte
in die Himmelsröte.

Du warst ein junger Prinz
und schon bald verschwunden.
Die Burgruine blieb ohne Dich
verödet zurück.

Ich habe zwischen dem Duft der Rosen
zu Beschwörungsformeln gefunden
und besang Dein Bild
ganz in Frühjahrspoesie entrückt.
Habe Dir Gedichtebriefe nachgeschickt
und auch heute wüßte ich gerne,
was aus Dir geworden ist.

95 | Frühlingslächeln

So sanft glitt Deine Hand,
als sie in meine fand.
Verklärt war mir Dein Lächeln.
So zart tasteten Deine Lippen
meinen Mund,
als wir uns einen Kuß
zu trinken gaben.

Nie möchte ich das Glück,
das ich in Dir fand,
– so kurz es war – vergessen.
Verborgen im gedämpften Licht
horche ich auf das Klopfen der Tropfen.
Sie spielen die Begleitmusik,
um an Dein liebes Gesicht zu denken.

96 | Nimmerland

An jenem Ufer Nimmerland stand
die gekrümmte Kiefer im aufragenden Dünensand.
Schneidgras stach in den Himmel.
Es kräuselte sich glucksend der Wellenrand.

Rückwärtig graste in den Hügeln
zwischen duftendem Thymian ein Schimmel.
Möwen jagten am hellen Strand
und liefen Abdrücke in den feinen Sand.
Die Welt war glücklich simpel.

Gelb blühte der Senf
und roch so honigfein.
Eine trockene Alge lag kratzig und gekringelt.
Das hellgeblichene Muschelhaus war gerippt
– ein Herz aus geschliffenem Ziegelstein
zwischen Uferkieseln zu finden.

Die hohe Sonne stand am Firmament.
Das Meer kräuselte sich blitzend und flinkernd.
Der Hauch von Heckenrosen mischte sich
mit der salzigen Luft der Brise vom Meer,
die in der Hitze über'm Strand flirrte.

97 | Verschwendung

Jede Pore meiner Haut atmet Sehnsucht.
Jede Welle meines Haars ruft nach Dir.
Jede Wimper an den Augenlidern
biegt sich hin zu Dir.

Die Gegenwart ist ein Hoffen,
dass wir die Zeit nutzen.
Der Duft von Flieder und Rosen
strömt betörend
zwischen Dir und mir.

Mein durstiger Mund,
die weichen Lippen
wollen nur Dir gehören.

Das bedeutet all mein Dasein,
das das stete Vorrücken
der Zeit langsam zerstäubt.

Du jedoch bleibst ein Phantasma,
das in schillernden Farben
in den Himmel aufsteigt.

98 | Reise

Ich atme ein. Ich atme aus.
Und gleite von Minute zu Minute.
Ich bin auf meiner Wanderung ganz zuhaus,
auch wenn ich nach anderen Wandereren rufe.

Ich kenne die Stille
und das Zirpen einer Grille
vorm Gewittersturm
und wenn er abebbt,
frohe, frische, feuchte Kühle.

Ich sing mein Lied,
sehe zu, wie Tag um Tag vergeht.
Auch wenn der Wind sich häufig dreht,
erklimme ich Schwelle um Schwelle.

99 | Was ich nicht vergessen möchte

Deine blau geäderte, warme, samtige Milchhaut.
Das frohe Leuchten in Deinem strahlenden blauen Aug'.
Der Tanz im Sonnenlicht auf dem langen Korridor,
auch jede weitere Begegnung mit Dir auf diesem tristen Flur.

Der begeisterte Kuß auf meinen überraschten, geschlossenen
Mund.
Der Hofgang mit Nachtigallengesang in der Abendstund.
Die duftenden Rosen, die ich Dir gab.
Der Brief, den ich Dir geschrieben hab.

Dein liebes lächelndes Gesicht
auf dem Kissen ruhend.
Dein Werben bei mir nach Einlass suchend.
Tag um Tag ein neues Gedicht.
Dass Du trotzdem ohne Abschied fortgegangen bist.

100 | Dunkelheit

Dunkel umschliesst mich das Blau
der gedämpften, samtenen Nacht.
Ich tauche hinab
und vergesse, dass es Licht und Tage gab.

Von der Stirn rinnen heiss
die Tropfen strömenden Schweisses.
Fahl leuchtet der Mond und die Sterne
vom finsteren Himmel herab.

Erschöpft gleitet der Abend in die Dunkelheit.
Drückend erfasst mich unruhiger Schlaf.
Selbst im leuchtenden Glanz des Frühlings
habe ich die Tage im Schatten verbracht.

101 | Als ich Dich traf

Wie auf Schwingen ging ich dahin,
als ich Dich traf – so rund, so fest und weich.
So selig war mein Mund,
als Du Deine Zunge darin bargst.

Du löschtest meinen Durst,
als Deine vollen Lippen auf meinen lagen,
als seien sie ein Brunnen
und an klarem, süßen Wasser reich.

Wie schauerte es mich wohlig,
als Dein warmer Atem in meine Ohrmuschel drang.
Wie zärtlich war Dein liebes Wort,
das Du hinein gehaucht.

Es stand ein feiner Sichelmond
am hellen Abendhimmel
über unserem geliehenen Bett,
als Du bei mir gewohnt.

Der Klang des Nachtigallengesang
schenkte uns mit seiner Jubelmelodie
ein ganz besonderes Liebeslied,
auch wenn es bald schon Abschied nehmen hiess.

102 | Was Frau Kaléko

Was Frau Kaléko schrieb
berührt mich tief.
Ihr Wort macht mir noch heute Freude.

Auch die Gedichte von Herrn Hesse
lese ich mit Genuß und Interesse.
So überdauert ein gut gereimter Vers
und ist im Leben Hilfe.

Ihr Beispiel ermuntert mich,
so dass auch ich
Gedanken lyrisch fasse
und so im Meer aus Worten
gesalzene Hymnen hinterlasse.

103 | Ich kann nicht

Ich kann nicht sagen,

dass wir so täten,
als wäre nichts geschehen.

Denn zwischen uns ist Schweigen,
seit jenem Einbruch in das dünne Eis.

Was so stabil schien
hat uns nicht getragen
und alle Güte ist ertrunken.

Wir haben einander
dem anderen entwunden
– der stumpfe Phantomschmerz bleibt.

104 | Die Stiege

In unser altes Haus
führt noch immer
die hölzerne Stiege hinauf.
Inzwischen ist ihr rosa Linoleum
etwas liederlich, aber sonst
sieht es ganz, wie damals aus.
Ich hebe hinter der Wohnungstür
den Staub von früher auf.
Die Schlieren auf den Fensterscheiben
halten die Sonnenstrahlen der Zwischenzeit auf.
Den kleinen, hölzernen Tisch mit den Brandflecken
stellte ich auf die Strasse hinaus.
So komme ich schneller
vom Sofa zur Tür heraus.
Die Wände und die hohen Zimmerdecken
sind noch nicht gestrichen.
Ich suche für sie immer noch
neue Farben aus.

105 | Klage

Trotz Sonnenschein und Amselgesang
kenne ich die Welt nicht mehr.
Ich setze Schritt um Schritt im Moos des Waldes
– das Gehen fällt mir schwer.

Trotz Honigtau im Blütenmeer
ist die Richtung mir verstellt.
Trotz Frühlingsduft in milder Luft
finde ich meinen Weg nicht mehr.

Ich tappe voran
und weiss doch nicht wohin.
Die Rosen sind mir einerlei,
kein Lerchenruf dringt mir in meinen Sinn.

Gelang ich an des Feldes Rain
tröstet mich kein Mohn.
Dort sinke ich durstig in den staubigen Sand
– vom Irren auszuruhn.

Ich wünschte mir einen Wolkenbruch,
doch der ist nicht zu sehen.
Verflucht ist mir die Frühlingsluft,
verbittert bleibe ich stehen.

Was einst mir vertraute Pfade waren
führt nun nach nirgendmehr.
Wo wir zusammen im Grase lagen,
gehe ich allein umher.

106 | Rushhour

Vorm Fenster auf der Strasse – das Getöse rührt mich nicht.
Lagere hier drinnen hinterm Vorhang im Dämmerlicht
und weiss später am Tage gibt es sich. Darüber bin ich nicht
böse.
Die Eiligen eilen schnell dem Ziele zu, sind ganz erfüllt von
ihrem Tun.

Sie lagern nicht dumm in der Gegend rum, sind gebraucht
und nützlich.
Der eine schafft sich Hund und Katze an, der andere Familie.
Er jagt von Punkt zu Punkt auf seinem Lebensplan. Ist im
Einsatz für ganz viele.
Was fangen wir mit dem Leben an? Zwischen Chrom, Lack,
Eichenfurnier und Diele.

107 | Frühlingstage

Ich hasse diese schönen Tage,
an denen windstill herab die Sonne gleisst.
Mein Herz will, dass ich Trauer trage.
Nimm doch bitte all die Frühlingsboten und den hellen
Schein
und lass mich allein und verbittert sein.

Einzig will ich von Verlust, Sehnsucht und Kummer
in meiner dämmrigen Kammer
dunkelblaue Verse schreiben. Darin
ist mir mehr Befriedigung,
als wenn die Vögel wieder singen.

108 | In der Stille

Wir kleideten uns in die Seide meiner Locken,
und verbargen so unsere Nacktheit vor anderer Leute Blicken.
Wir sahen hinab bis auf den Grund des anderen Aug's
und schufen so die Zeit, uns aus der Zeit zu entrücken.

Dein frohes Lachen hallt
noch in die Stille.
Seit Du verschwandst,
geh ich nicht mehr gern hinaus ins Helle.

Die Stunden mit Dir waren
des Lebens reine Fülle.
Um die Erinnerungen dran zu bewahren,
warte ich auf des Herbstes Regenkühle.

109 | Hier oben

Langsam kehrt Abendruhe in die
Betriebsamkeit vor der Tür ein.
Unterm Fenster ebbt der Verkehr ab.
Hin und wieder knattert ein Moped
durch die enge Straße.

Unablässig schallt das Ticken
der Zeitschaltuhr am Thermostat.
Kein Plan hat heute geklappt.
Eine gefangene Fliege brummt
nervös durch den Raum.

Der Duft des Parfums steigt warm
vom Hals zur Nase auf.
Zum Schreiben hole ich die Brille raus,
halte den Atem an und lausch.
Ein Nachbar holt klappernd die Post
aus dem Kasten heraus.

Die Sohlen quietschen treppauf
über das Linoleum.
Verbringe so Stunde um Stunde,
Jahr um Jahr,
abgeschieden im stummen Turm
der Isolation.

110 | Morgen

Einen Faden aufheben.
Pläne spinnen.
Kaffee trinken.
Horizonte ersinnen.

Einsamkeit überwinden.
Der Zeit entrinnen.
Grüße aussenden.
Hochgelagerte Füsse ansehen.

Gedanken, die im Kreise gehen.
Aus dem Schwingstuhl aufstehen.
Nach den Freunden bei Facebook sehen.
Die Schallplatte umdrehen.

Nur Gegenwart kennen.
Das Jetzt benennen.
Kurz an Dich denken.
Vom Verdruss ablenken.

Verse reimen.
Geräusche belauschen.
Wünsche – aufkeimend.
Das Nachtkleid eintauschen.

Mit dem Kind sprechen.
Annoncen lesen.
Frühstück machen.
Tageinwärts leben.

111 | Morgen II

Eine Amsel jubiliert.
Spatzen tschilpen blechern.
Ein Moped knattert aggressiv und fährt
zögerlich vorbei.

Autos brummen wartend an der Kreuzung.
Quietschend hält ein Lastzug.
Monteure hämmern schallend
auf dem Dach gegenüber.

Zum Bewerben habe ich heute keine Lust.
Ein Arbeitsplatz auf den ich pass
ist nicht zu finden.
Bald duften wieder die Linden.

Schlurfend kurvt eine Kehrmaschine vorüber.
Türen schlagen, Autos starten.
Die Menschen haben Ziele.
Mir bleibt Verdruss und warten in der Kühle.

112 | Morgen III

Dem Kaffee nachschmecken.
Morgenkühle von den Schultern schütteln.
Das Frühstück aufdecken.
Das Telefon annehmen.

Von den nackten Füssen her frösteln.
Nach der Morgensonne sehen.
Auf die Spatzen und Meisen lauschen.
Das Rauschen der Blechlawine hinnehmen.

Nervös die Handrücken kratzen.
Pläne für die nächste Zeit anpassen.
Verse in einem Gedicht einfassen.
Musik andrehen.

Minuten beim Vergehen zusehen.
Jobofferten anzeigen lassen.
Nachrichten verstehen.
Auf Dein Foto sehen.

113 | Unwiederbringlich

Wir haben tagelang erwartungslos leer in die Ferne geblickt.
Sind desillusioniert auseinandergerückt.
Haben die Hände nach einander ausgestreckt,
uns voneinander abgestossen und schliesslich versteckt.

Uns bringt kein Tag mehr das Verlorene zurück.
Wir streifen ruhelos umher
und suchen sehnsüchtig das ungenannte Glück.
Erschöpft schwanken wir voran, von Bitterkeit schwer.

Könnte ich, ich würde Deine Seele einfangen.
– Durch Dein Augentor bis auf ihren Grund gelangen.
– Dich mit Sanftheit und Wärme umfangen.
Doch ich finde Dich längst nicht mehr.

114 | Damals

Als die Tage heil waren und ganz.
Als ich unter dem Schutzmantel Deiner Liebe stand.
Als der Himmel frei war und weit.
Als wir einander küßten und lachten und zum Tanz waren
bereit.

Als die Möglichkeiten grenzenlos waren.
Als wir Hindernisse lernten zu umfahren.
Als wir auf schwankenden Stegen
balancierten.

– Waren wir Riesen.

115 | Wende

Wir gingen miteinander stetig, Jahr um Jahr, voran,
bis wir an einen Abgrund gelangten.
Dort wandten wir uns zum anderen zurück,
doch rückwärts waren wir blind.

Wir konnten nicht mehr zu einander gelangen
und sind auseinander gegangen
von da an von Schweigen umfangen.
Das Unsagbare zwischen uns haben
wir seither sprachlos getragen.

Wir können uns nicht mehr beim Namen nennen.
– keine Glut mehr aus der Asche entfachen.
– der Stille ein Zeichen entnehmen.
Wir müssen einander gehen lassen.

116 | Benzinblues

Die Luft geschwängert vom Benzingeruch
überdeckt den zarten Hauch des Rosendufts.
Autotüren schnappen blechern ins Schloß.
Ein Brummer summt surrend im Zimmer herum.

Die tellergrossen Dolden der Holunderbüsche
stehen im weissen Schaum ihrer Sternenblüte.
Ein Kilo Erdbeeren und Malai Kofta – Festtagsspeis.
Blechkisten rollen rauschend vorbei.

Die Vogeltränke auf dem Balkon randvoll gefüllt.
Den Tisch gewischt.
Den Laptop aufgeklappt.
Liegend die Beine angewinkelt aufgestellt.

Ein Kissen hinter den Nacken gestopft.
Platons Ideenlehre durch die Philosophiegeschichte des
Herrn Precht erhellt.
Die Tomate ist noch nicht eingetopft.
Musik Vorbeifahrender schallt hallend durch die Strasse.

Ein Motorrad steuert vibrierend auf die Kreuzung zu.
Tönende Männer unterhalten sich.
Der Freund der Tochter liess sie heute im Stich.
Es ist Sonnabend.
Die Feiertage haben noch gar nicht angefangen.

117 | Sonntagmorgen

Gedämpftes Licht suppt aus den Wolken.
Der Hibiskus blüht.
Auf dem Parkett – staubige Krusten.
Tote Fliegen in den Spinnenweben
auf den Fensterbänken.

Vom Bäcker ein Rosinenbrötchen.
Der Sonntag kriecht voran.
Verblasste Aquarelle gemalt aus Worten.
Ein zäher Morgen
dessen Verse holpern.
Der Tag hat gerade erst angefangen.

118 | Georg Floyd

Männer in Uniform nutzen ein Bagatelle,
um einen Zivilisten brutal zu Tode zu schikanieren.
Die ganze Welt kann das auf einem Video ansehen.
Sie kennen keine Hemmungen.
Es geht auch eine Drohung an die Welt davon aus.
– Niemand ist sicher vor uniformierter Erbarmungslosigkeit
und Willkür
mit der die Männer Georg Floyd das Recht auf Unversehrt-
heit nahmen.

119 | Lamento

Ein Ring von Bitterkeit und Schmerz
liegt dornig um mein einsames Herz.
Kein Honigduft kann es besänftigen.
Aus meinen Augen tropfen salzige Tränen.

Nicht Sonne, noch die hohe Luft
kann meine Einsamkeit bezwingen.
Kein Vogellied kann so schön klingen.

Ach, ich freute mich,
könnte ich doch neue, wohltönende Melodien erfinden,
– von Liebe, Frühling und Freude wollte ich Euch singen,
doch gerade das will mir nicht mehr gelingen.

Verzeiht mir bitte.

120 | Sommernachmittag

Das Krächzen einer grauschwarzen
Krähe schallt
traurig durch die Strasse.
Dunkelblaue Bitternis ballt
sich in der Magengrube.

Der motorisierte Verkehr
brandet unter dem Balkon.
Eine Spatzendame zirpt
mit blechernem Ton.

Benzindunst wabert durch die Luft.
In der linken Schulter –
ein andauernder peinigender Schmerz,
der das Gemüt in Trauer versetzt.

Gedanken mäandern in Erinnerungen.
Die Wunden zu heilen,
finden sie keine Lösungen.
– Beenden kein Schweigen.
Stattdessen bleiben wir stumm.

121 | Tagsüber

Wie wohltuend war doch
die klingende Stille
vergangener Nacht,
als ich durstig aufgewacht.
Wie anders ist das
bohrende Schweigen am Tag.

Wie nervtötend nervös tönt
das summende Brummen
einer mit mir gefangenen Fliege
in dem Zimmer in dem ich liege.
Wie lahm hängt mein Kiefer,
der früher zum Sprechen diente.

Wie schal ist der Geschmack,
der auf der Zunge liegt.
Wie langsam kriecht die Zeit.
Wie horche ich auf die Laute,
die vor den Mauern sind.
Wie präsent sind die Gestalten
der Vergangenheit.

122 | Am Bach

Es gurgelt munter ein Bach
am Grunde des Waldes.
Er plätschert lustig
über Felsen glucksend
in seinem Bett hinab.
Eine Forelle springt an
tieferer Stelle auf
Fliegenfang heraus.
Er spült die Erlenwurzeln aus.
– Quilt murmelnd über
das Ufer hinaus.

– Zieht an herabhängendem Gras.
– Trägt mit sich ein trockenes Blatt.
Ein Eisvogel jagt
flink in seinem blauen,
rostig angehauchten Kleid.
Das sprudelnde Wasser
ruht sich von seinem schnellen Lauf
im Mühlteich
aus.
Hier wärmt es die Strahlen
der Sommersonne auf.

123 | Was Du mir seist

Sei mir alles
oder sei mir nichts.
Sei mir Heim, Hof und Herd.
So lang wanderte suchend ich
und war von Kummer schwer.

Sei mir entzückte Lust
oder zornentbrannter Fluch.
Sei mir Tag und Nacht,
Sonne und Wind,
die süßen Sternblüten am Hollerbusch
und das beissende Chili
im roten Curry.

Oder lass' mich los,
damit ich mich nie mehr
zur Dir umwenden muß.

124 | Mond

Des bleichen Mondes Scheibe ist umschleiert.
Er steht rund und ruhig da oben
– ein unbewegter Beweger.
Sein Widerschein erhellt die Zimmer fahl.
Wie oft ist er schon an uns vorbeigezogen?
Durchlief den dunklen Himmel ein ums andere Mal.
Ihn rührt nicht unser Schicksal unten.
Spendet Licht uns durch die Nacht auf unserem Pfad
indem er uns den Spiegel zum Licht der Sonne hält.
So können wir einander auch im Dunkeln finden,
weil er uns den irdischen Schatten lampengleich erhellt.

125 | Brennglas

Die Zeit umbrandet mich tosend.
Sie kriecht zäh und träg voran.
Sie hält mich in ihren scharfen Klauen.
Ich erfasse keinen Ankerpunkt
mit den getrübten Augen.

Schwarz rieselt das Phlegma
aus meinen Wunden.
Minuten werden mir zu Stunden.
Was einst stolz und schön gewandet war,
schleicht nun in zerschlissenen Flicken und Lumpen.

Nervös fiebere ich auf einen Gesang,
der tief getränkt von purpurner Melancholie,
anstimmt ein Lied mit schwebender Melodie.
Die feinen Töne, die in ihm wohnen,
werden gespeist aus einer Hoffnungsfantasie.

126 | Sehnen

Gewitterschwüle weht schweren, süßen Lindenduft heran.
Die Strasse schallt vom Lärmen der Passanten.
Aus allen Poren quellen Tropfen des Verlangens.
Die Bäume rascheln rauschend in der Böe.
Das Herz zieht sich zusammen.
Der Puls pocht unter der Haut. Vom Sehnen
beginnen sich die Sekunden
zu Stunden auszudehnen.
Tappe hinaus vor die Tür
– heute noch, dem Glück zu begegnen.

127 | Schiffbruch

An der Klippe Deines Schweigens
bin ich im Finsteren zerschellt.
Dein verwaschenes Phantombild hat mich
in die Dunkelheit gestellt.

In der Brandung Deines Stillseins
ist mein Boot zerschlagen und gekentert.
In der Böe Deiner Sprachlosigkeit
ist mein Mast und die Takelage gebrochen.

An den Riffen Deiner wüsten Küste
sank mein Schiff mit Mann und Maus.
Ich geriet in Seenot und drifte
auf den Ozean der Einsamkeit hinaus.

128 | Einsam

Einsam wandere ich Tag um Tag,
seitdem ich Dich verloren hab'.
Auf meinem Weg stolpere ich voran
und komme nicht mehr zuhause an.

Es geht ein frostiger Wind,
seitdem wir auseinander gegangen sind.
Die Welt ist mir ein wüster Ort,
so leichtfertig gingst Du von mir fort.

Ich steh im Schatten,
die Böen rupfen an Kleid und Haar.
Weiß färbt die Asche Jahr für Jahr
mein Haupt.
Ich beuge das Schicksal nicht,
es bleibt mein Los,
dass Du in eine andere Richtung schaust.

129 | Sinn II

Duftende Rosenblütenblätter sind mir die Erinnerungen an
Dich.
Mit dem Gefühl des kostbaren Samts Deiner Haut
kleide ich die Träume meiner Tage aus.
Blau strahlt Dein Augenlicht
in mich zurück.

Diese eine Stunde, die wir beieinander lagen,
gibt all den anderen Sinn.
Ich gebe meine Tage mit der Rück-
schau an sie hin.

Wir schenkten einander ein zärtliches Glück,
das mein Herz auch jetzt noch vollkommen verzückt
und mich aus der monotonen Tristesse des Alltags entrückt.
Du bist mir am Horizont der hellste Stern,
trotzdem Du weilst genauso fern.

130 | Meine Tage

Ich bin auf Wanderschaft
von Ruheplatz zu Ruheplatz.
Und dann das Gleiche an jedem Ort
– ich denke mich fort.

Ich träume ständig.
Nur dann bin ich lebendig.
Von einem kleinen, ebenerdigen Haus
mit Stockrosen am Fenster draussen.

Vom Meer – glitzernd und blau
im gleissenden Sonnenlicht.
Vom Verfassen eines glühenden Liebesgedichts.
Von Deinem schönen Gesicht.

Ich blicke zu den Wattewolken hinauf
und folge mit den Augen ihrem Himmelslauf.
Das Leben hier drunten
ist ohne Zeit und Stunden.

So verstreichen meine Tage
ohne Ziel und Plan.
Was von mir zu tun ist, wird von mir getan,
worauf ich wieder träumen kann.

131 | Strandgut

Treibholz auf dem Sand des Strandes
– verblichen und geschliffen.
Ist so weit gereist.
Kennt das Meer und seine Klippen.

Harmonisch liegt es Ton in Ton
an heller, sandiger Küste
– ihr Saum mit trockenen,
schwarzen Algen dekoriert.

Mit den Jahren gleichen
wir dem knorrigen Holz,
das ausgewaschen von der Flut
durch die Gezeiten weit gereist ist.

Befreit von Rinde
liegt blank
der Kern
im Sand
angelandet
– bis zum nächsten Sturm –
ruhig an einer Küste.

132 | Zeitlos

Süß und mild wie Honigtau
tropft zäh der Tag.
Ich lecke den klebrigen Sekundensaft
von den Stundenzeigern ab.

Leuchtend golden rinnt der Sirup
der Sommerweile tropfend vom Stundenglas.
Von der Holzbank weht eine Daune,
die ein Vogel dort vergaß.

Über den milchblauen Himmel
segeln getürmte, wattige Wolkenschiffe.
Hummeln brummen summend in Blütenstauden
im dunkelgrünen Gras.

Die Mittagssonne schmilzt die Luft überm klebrigen Asphalt.
Ich sehe mich um nach der kühlen Brise,
die herüberweht aus dem Schatten im dunklen Wald.
Die Zeit zergeht gelinde
und ein strahlender Tag
macht erst am Sonnenuntergang halt.

133 | Schmetterling

Lau weht der Sommerwind
und bläst lind
den Duft einer unbestimmten Sehnsucht heran.
Ich denke an diesen Schimmerschmetterling,
der für eine kurze Weile sass auf meinem Arm.

So kurz nur währte mein Glück,
schon gaukelte er davon.
Ich liess ihn ziehen,
wäre sonst zerdrückt.

Hat in seinem Tanz
mein Herz mit sich genommen.
Ich halt noch Ausschau nach ihm
— kommt er zurück? —
an jedem Sommerabend.

134 | Wo?

Welche Träume träume ich noch,
die ich umherstreif ohne Rast und Ruh?
Welch matter Glanz lockt mich fort?
Über welche Schwellen muss ich noch?
In welchem Haus wohnst Du?

I

ch kenne keinen Ruheort.
Mich zieht die Sehnsucht zu Dir fort
und so seh ich den im Wind wiegenden Halmen
auf jenem Hügel zu
.

Es gibt für mich
die Stille nicht.
Ich streif umher
und suche Dich
und weiß, Du liebst mich
längst nicht mehr,
doch stört mich das
genau genommen nicht so sehr,
denn die Erinnerung an Dich gibt genug zum Träumen her.

135 | Sommertag

Schön ist es in der Mittagsglut unter einem
alten, hohen Baum im Schatten zu sitzen.
Glücklich summt ein Sommertag.
Leicht klingen unsere Herzen von freundlichen Scherzen.

Dann aufstehen und durch die Duftpolster
der blühenden Wiese streifen.
Gottt erzählt von der Via Appia
bis wir die Eschen am anderen Ende des Parks erreichen.
Ein paar Liegestühle stehen für uns da.

Ein anderer Sommerabend
unter denselben Eschen
und Du so fremd.
Es war Dir nichts mehr recht zu machen.
Du hast mich sehr beschämt.

Obwohl seither viel Zeit vergangen,
verlischt die Erinnerung nicht.
Wir waren damals in neue Leben aufgebrochen,
doch das wusste ich noch nicht.

Und am Himmel oben wohnt
heute ein halber Mond.
Zitronengelb seine Sichel über den Dächern thront,
umwölkt von einigen zarten Schleiern.

136 | Wiedersehen

Ja, und nun habe ich Dich doch wiedergesehen.
Du hast einen Kampf verloren
und kannst weder gehen noch stehen.
Schmal und blass, in eine dunkelblaue, wollene Kapuze ge-
hüllt,
so hast Du vor mir in einem Rollstuhl gesessen.

Ich habe in Dein schönes Auge gesehen.
Dein Gesicht erhellte ein Lächeln.
Ich möchte Dir die Welt zu Füssen legen.
Ach, könnten meine Küsse Dich heilen.

Wie gerne würde ich Dich von der Trauer befreien,
dass Du geworfen bist in Dein Schicksal.
Ich zöge Dich wieder an der Hand
in einen wiegenden Tanz
und wir vergäßen alle Schmerzen.

137 | Sommerregen

Dunkel türmen sich die Wolken
am blauen Sommerhimmel auf.
Wer dachte denn, dass am Ende
Du es bist, der stützt sich bei mir auf?

Du bist ein ätherfeiner Mensch
und gingst über Deine Grenze.
Jetzt führt kein Weg zurück.
Wie kann ich für Dich zaubern,
wie schenke ich Dir Glück?

Wie fange ich die Tropfen
vom Regenhimmel weg?
Ich möchte für Dich kämpfen
und bin darin nicht sehr geschickt.

Ich pflücke Dir zwölf Rosen
und salbe in ihrem Duft Dein Haar.
Ich möchte Dich liebkosen,
doch warte ich, bis ich's darf.

138 | Im Alleinsein daheim

Ich blicke Dir in Dein liebes, schmales Gesicht,
doch überbrücke ich das Schweigen nicht.
Zu einem Scherz fehlt mir das Geschick
– aus Angst, ich erreichte Dein Herz nicht
und rührte an Deinem Schmerz.

Ich möchte Dir eine Freundin sein,
doch wir schliessen uns in unsere Kammern ein.
– Sind im Alleinsein
mehr daheim.

Ich habe Angst, mir zerinnt die Zeit
und hetze durch den Moment.
Es fehlt mir an Gelassenheit,
habe für das Erzeugen von Ewigkeit
und Zuversicht keine Übung und kein Talent.

139 | Stadtsommer

Unablässig knattert und braust es
in Häuserschluchten auf schmelzendem Asphalt.
Nicht anders, als das Meer
im Sturm, rauscht es.
Als sei es Brandung klingt der Verkehr.

In warmer Sommerluft liegt der Geruch
von zerfliessendem Teer.
Der leichten Kleider Kattun bauscht sich
in heisser Böe über dem Gehsteigpflaster.
Der Hitze Lufthauch
macht das Atmen schwer.

Im gleissenden Schein der langen Tage
liegt die bunte Trauer des Herbstes fern.
Träg gleiten ein paar Schwäne
auf dem Spiegel des Kanals.
Am Abendhimmel – nördlich –
erscheint die Venus als der erste Stern.

140 | Staubkörner

Wie Staubkörnchen wirbeln wir in der Luft
– mäandern driftend in ihrem Strom.
Unsere Tage haben kein Gewicht.
Wir treiben um einander herum.

Golden erstrahlen wir im Gegenlicht.
Ein Luftzug reisst uns in die Höhe.
Wir sinken langsam herab,
als seien wir Winters Schnee.

Auf blankem Spiegel ein Sediment,
gefallen aus leichterer Dimension,
verdecken wir das Leuchten der Reflexion
und machen das Blanke stumpf.

142 | Stummheit

Ein Schmerz so scharf,
wie eines Schwertes Klinge,
trennt uns und macht uns stumm.
Die holpernden Scherze schmecken schal.
Wir sehen uns verstohlen nach einander um.

Den suchenden Blicken weichen wir aus.
Verlegen starren wir aneinander vorbei.
Möchten dem anderen vertrauen
und füllen mit sprechender Wortlosigkeit
die Kluft von Zeit und Raum.

143 | Treffen zweier Ameisen

„Guten Tag, wie geht es Dir?"
„Danke Dir, was soll ich sagen?
Doch – es geht mir gut.
Es ereignet sich nicht viel
und ich will nicht klagen.
Sage mir bitte, was machst Du?"

„Vielen Dank, ich mäandre durch die Tage,
türme Sehnsucht
und hoffe, dass das Leben
um die Ecke lunst."
„Laß uns doch im Kontakt bleiben.
Mit einer gemeinsamen Stunde
Zeit vertreiben.
Bis zum nächsten Mal, bleib gesund."

144 | Wieder

Mein Liebster
flüstere wieder
zarte Worte der Innigkeit
in mein Ohr.

Geliebter
bringe wieder
hauchfeine Lächeln
auf unseren
Gesichtern hervor.

Meine Lieber
singe uns wieder
sanfte Lieder,
die perlen,
wie gereiht
auf einer Schnur.

Ach, vertreibe mir
die Müdigkeit
des Überdrusses
nur
und lass' uns
wieder schweben.

145 | August

Träg und zäh bläst der August
seinen heissen Atem als staubige Wand
heran. Glühend die Bank
aus anthrazitfarbenem Granit.

Herabgedrückt von der Wärme
das halbgeschlossene Augenlid.
Tröpfchen Schweisses, der perlend
auf der Stirn liegt.

Zunge, die durstig am Gaumen klebt.
Gebeugt unter der Last
die Schulter, die die Hitze trägt.
Brennend vom Salz die bewimperten Augenränder.

Lau die Nacht.
Wecker – halb acht.
Schattig die Sehnsucht unter der Erle am See.
Gewitterwolken, die am milchigen Himmel aufziehn.

146 | Bitte

Liebster – laß uns bitte noch etwas träumen,
noch ein wenig voranstürmende Zeit versäumen.
Liebster – fisch' mir eben jenen Grashalm aus meinem Haar
und streich' mit Deinen Fingerspitzen
über die Muschel meines linken Ohrs.

Noch einmal, Liebster,
küss' mich mit Deinen samtweichen Lippen.
Laß' mich nochmal von Deinem Brunnenmund trinken.
Laß' mein Auge erneut tief in Deinem Blick versinken.

Noch einmal möchte ich bei Dir Atem schöpfen
– Deine Milchhaut mit Küssen bedecken
– dem Salz darauf mit meiner Zunge nachschmecken
– mich zu Dir in den warmen Sand legen
– mich sanft im Tanz mit Dir wiegen.

147 | Station

Ein langer trister Flur
mit Neonleuchten.
Gebunden wird,
wer randaliert.

Wir wiegen uns im Tanz
auf dem farbigen Linoleum.
Die Zeit verstreicht schleichend
in diesem Kerker für die Unzivilisierten.

Die trutzigen Mauern aus Waschbeton
bilden ein Refugium
für die, die phantasieren.
Man gibt den Schmetterlingen Zuckerlösung,
damit sie wieder hungrig sind.

Bald schon treibt sie fort
ein lauer Wind,
weil sie die Kinder des Sommers sind.
Man kann sie nicht besitzen.

Ein langer trister Flur
mit Neonleuchten.
Gebunden wird,
wer randaliert.

Wir wiegen uns im Tanz
auf dem farbigen Linoleum.
Die Zeit verstreicht schleichend
in diesem Kerker für die
Unzivilisierten.

Die trutzigen Mauern aus
Waschbeton
bilden ein Refugium
für die, die phantasieren.
Man gibt den Schmetterlingen
Zuckerlösung,
damit sie wieder hungrig sind.

Bald schon treibt sie fort
ein lauer Wind,
Ein Jahr war ins Land gegangen.
Sie hatte Arbeit gefunden und
Hendryk zweimal aufgespürt indem
sie beim Pförtner des Krankenhauses
nach ihm fragte und sich herausstellte,
dass er beide Male für länger untergebracht
war. Dann war er wieder von den Straßen im
Häusermeer verschluckt worden und sie machte
sich wenig Hoffnung ihn je wiederzusehen. Mit
einem Freund, den sie Gottt nannte, war sie zweimal in
diesem Jahr verreist. Einmal an die Ostsee und einmal an
die Seenplatte eineinhalb Stunden nördlich von Berlin. Als
sie zurückkam, lag ihr Kündigungsschreiben im Briefkasten. Sie
war so entspannt, dass es ihr nicht viel ausmach te. Wieder würde
ie sich hinter die blauen Vorhänge zurückziehen und schreiben. E
ır sehr heiss und schwül. Als sie nach der Rückkehr aus dem Ruppin
d in ihr eMail-Postfach sah, befand sich darin eine Zuschrift ei
rs ihres Blogs, der wissen wollte, wer den Text über den Zusammenl
egression und infiniten Regress verfaßt hatte und welche Queller
ezogen worden waren. Darüber freute sie sich sehr. Der Leser schri

148 | Zärtlichste Erinnerung

Du zärtlichste aller Erinnerungen.
Dich habe ich dem grauen Einerlei des Alltags entwunden.
Du bist mir die Schönste aller schönen Stunden.
Durch Dich konnte mein Herz wieder ganz gesunden.

Mag auch der frische Wind des Herbstes,
Dich wie das fallende Laub von mir forttragen,
möchte ich sanfte Worte in Dein liebes Ohr Dir sagen.
Sie sollen Dich umweben
und an den trüben, dunklen Tagen
Deine Stimmung heben
bis wir uns wiedersehen.

149 | Kupfer

Kupferrot, wie das anstehende Herbstlaub,
flammt Dein Haar.
Blau glänzt Dein Auge, das mich anstrahlt.
Verfroren betastest Du schüchtern
die Manschette Deines Hemdes,
wie ein nacktes Küken ohne Flaum.

Ich möchte Dich schützen,
– ein Nest um Dich bauen,
– Dich bergen und hegen,
– Deine kalten Finger auftauen,
– ein wärmender Mantel Dir sein.

146

Ich streich' mit den Augen
entlang Deines Gesichts.
Gebe zurück
Deinen zärtlichen Blick.
Ich greife Deine Hand
und merke, dass es piekst,
halte trotzdem still,
bis Du losläßt,
weil ich Dir ein Anker
im Sturmwind sein will.

150 | Die Welt

Sehe die Welt an
und fasse sie nicht,
die Kinder von Moria
und ihre Eltern
– gefangen, elend und unschuldig.

Die Stille und Kälte
ihnen gegenüber sind unheimlich.
Sie sollten bekränzt sein,
mit Blumen und Glück,
genau wie wir
und leben in Schönheit.

Seien wir würdig und geben ihnen
Würde und Hoffnung zurück,
Brot, Bücher und Poesie,
ein Dach über dem Kopf
und ein schönes Lied,
Schulen und Bildung
und zur Gestaltung
von Zukunft – Phantasie.

151 | Man möchte

Es weiss ein Mensch kaum,
einen anderen zu trösten,
Man möchte darum, umeinander taumelnd,
zärtlich beieinander liegen.

Es weiss ein Mensch kaum,
einem anderen nahe zu kommen.
Drum möchte man wortlos
Liebeslieder für einander summen.

Es weiss ein Mensch kaum,
sich aus der Sehnsucht zu lösen.
Darum möchte man scheu
die Maske lüften
und einander unverschleiert anblicken.

Es weiss ein Mensch kaum,
den anderen nicht mit Erwartungen zu erdrücken.
Darum quellen die Tränen des Verlangens
heiss über die schützenden Handrücken.

152 | Es ist so still

Es ist so still.
Das Herz klopft ruhig.
Der Kopf ruht schwer auf dem Genick.
Man hat Verdruß,
weil der Magen Zwiebelkuchen
verdauen muß.

Welche schale Frucht
bieten die überdrüssigen Gedanken.
Denke nicht hin
– an Dich.
Löse das Rätsel nicht,
wie wir zueinander gelangten,
weil das vergeblich ist
und wir schon etliche Male
von der bitteren Einsamkeit tranken.

153 | Nachtseite

Die frühherbstlichen Schatten – dunkel und tief –
führen kühl in die Winterzeit des Lichts.
Der Tanz des Staubkorns in der Sommerglut
ist nicht mehr als eine Erinnerung, wenn auch mir lieb.

Die ungeheure Nacht kündigt sich an
und greift um sich. Schlüpfe in jeden Strahl des Tags
und hoffe, dass die Erinnerung
mich durch die finstere Zeit trägt.
Ich hoffe auch, auf eine neue Frühlingssilbersichel des
Mondes
im April und dass die Luft wieder gefüllt von Rosenduft
und mir ein schmelzzarter Kuß
wird gewährt.

Doch sinkt mein Mut,
wenn ich spür, wie hart das Pflaster
unter meinen Schritten liegt.
Dann zweifle ich sehr, ob der nächste Sommerwind
mich bald schon wieder wiegt.

154 | Sonntag

Wir schlendern durch die sonnigen Strassen
an diesem frühherbstlichen Sonntag.
Auf dem Friedhof finden wir im Mittagslicht
eine schattige Bank.

Eichhörnchen wuseln an den schartigen Stämmen
der Eschen auf und ab.
Sie vergraben ihre Funde
in einem frischen Grab.

Wir gehen weiter als sich der Himmel
mit einer Federwolke verschleiert
und finden einen gemütlichen Sitzplatz
im Licht vor einer schützenden Hauswand.

Müßig betrachten wir die Passanten.
Nach einer Weile ziehen wir weiter.
Geniessen noch ein Eis.
Dieser Tag verlief heiter
und die Spatzen tschilpen leis.

1

55 | Ein Sommer geht schlafen

Das Jahr jagt durch die Tage.
Ein Sommer geht vorbei.
Der Himmel strahlt im Dauerglanze.
Der erwünschte Regen kommt nicht herbei.

Gottt träumt vom Staatsstreich.
Dann ist Schluß mit dem Kleinklein
und endlich können wir Göttter
und heldenhafte Kämpfer
für die Gerechtigkeit auf Erden sein.

Man müßte nicht mehr schusterflicken
im geschichtlichen Prozess.
Gotttes Erhabenheit würde siegen
und es gäbe nicht nur kleinlichen Protest.

156 | Ich liess' Dich ruhen

Du bist so unendlich müde vom Leben.
In Deinen Augen stehen Tränen.
Könnte ich Dir in Deine Träume folgen,
ich liesse Dich ruhen.

Doch es beunruhigt mich,
dass Du fast nur noch ein
Schatten Deiner selbst bist,
dem ich – augesperrt – in den Schlaf nachblick'.

Könnte ich Dir doch helfen zu genesen,
das Haar und die Gefühle Dir entwirren,
Dich mit geschlagenem Rahm und Liebe nähren
und Dir den Knoten im Magen lösen.

157 | Samten sinkt die Nacht

Samten sinkt die Nacht herab –
zerschnitten vom Kläffen eines Hundes,
das durch die Strasse schallt.
Schmerz zieht stechend vom Genick
in die Schultern hinab.

Das ist wohl nichts Besonderes,
ich werde nur alt.
In meinen Knochen steckt der langgezogene Tag,
der junge, flammende Sehnsucht barg.

Am Morgen schwang ich mich auf's Rad
nachdem ich eine Tasse
schwarzen Kaffee getrunken hab.
Jetzt mache ich bei der Erinnerung halt.

Ich warte auf einen Traum und Schlaf
und suche Rast
bis morgen ich mich an einem neuen Tag
wieder an den Schreibtisch kauer'.

158 | Himmel in Mausgrau

Kringle mich in die kürzer werdenden Tage.
Heimelig vertraut der Himmel in Mausgrau.
Melodisch tröpfeln –
gleichmässig auf die Fensterbleche pochend
– Regentropfen.
Voller Sehnsucht brennt die Haut.

Muß ein Fels sein, ein Heimathafen
und bin nur ein dürrer, morscher Zweig.
Trotzdem schweige ich und halte Ausschau,
denn wer weiss, ob nicht eines Tages
Dein Schiff mich doch erreicht.

159 | Ein verhallender Appell

Wir gingen schnellen Schrittes
um den herbstlichen Kanal
und wichen den dunklen Pfützen
aus – oder nein –
Du sprangst mit Deinen roten Stoffschuhen
mitten in eine hinein.

Wir sprachen, was geplant sei
und ich sah, dass es in einen
kraftzehrenden Kreis hinein führt,
wenn Du das Leben auf der Strasse
als Perspektive akzeptierst.

Ich versuchte Dich zu motivieren
und fragte nach Deinem Sohn.
Was soll er von Dir denken –
Papa was a rolling stone?

Leider antwortetest Du: „Ja."
Da wurde mir bang.
Ich appellierte:
„Laß Dich nicht von den Extremen verführen."
Doch ich spürte, dass es ungehört verklang.

Du wolltest nicht versprechen,
dass Du nicht wieder auf die Strasse gehst.
Es macht mir grosse Sorgen,
dass Du dem Sog des Lebens
als Überleben nicht widerstehst.

160 | Dunkel

Die herabsinkende Nacht hüllt mich einsam ein
– wie ein schwerer Mantel aus dunklem Samt.
Am kalten, tiefen Firmament funkelt der Abendstern.
Die langen, warmen Sommertage sind versunken
und ein einzelner Wanderer
– von der Dunkelheit verschlungen –
ist schon einen Tag entfernt.

161 | Melancholie

Treibe durch Sekunden,
Minuten, Stunden.
Vertändele die Tage.
Die Zeit kriecht beständig voran.

Nur im Moment des Augenblicks
ist ihre Haltlosigkeit zu ertragen.
Greife nicht zu und erfasse nichts,
was ausserhalb des Sichtfeldes liegt.

Schwarz und samten wie Ruß
ist der Ausblick auf das,
was auf mich zukommt
und ich erkenne in der Finsternis nichts
von der unbestimmten Zukunft.

162 | Kaleidoskop

Als sei's ein Kaleidoskop gleiten Lichter und Schatten
des brummenden Verkehrs auf der Strasse
im Dunkeln über Zimmerdecke und Wände.

Der farbige Schein der Ampel
läßt sie kurz innehalten,
dann huschen sie weiter.

Eine Choreografie aus Licht.
Ein Tanz der Schatten der Blätter und des Geästs
der Weidenbüsche vor dem Haus.

Innehalten und weitergleiten,
ineinanderschieben und verschwinden,
anschwellen – abebben – rauschen.

Anrennen gegen die Dunkelheit.
Anmalen der Einsamkeit.
Ballett der Geschäftigkeit.

163 | Seidenfäden

Die Spinnen weben Seidenfäden.
Von den Bäumen flattert das Laub.
Fallobst liegt auf den Apfelbaumwiesen.
Auf den Balkonmöbeln sammelt sich Staub.

Rund steigt der Mond über den Dächern auf.
Heiser schallt das Gebell eines Hundes
durch die Gasse zum Fenster herauf.
Rot leuchten späte, süße Tomaten

im Terracotta-Kübel des Topfgartens.
Des Feigenbäumchens Früchte werden reif.
Bei einem Landausflug gleiten gigantische
Pilze auf Weiden am Zugfenster vorbei.

So kannst auch Du unschwer erkennen,
obwohl es mild ist und kaum ein Lüftchen weht,
dass es nun Herbstzeit sei.

164 | Oktoberschatten

Golden quillt über das warme Herz
im blauen Schatten einer Kastanie,
die noch einmal blüht – jetzt im Herbst –
und gleichzeitig ihr Laub abwirft.

Eine silberne Locke kitzelt die heisse Stirn
im lauen Oktoberwind.
Sehnsüchtig schweift inwendig der Blick
in vergangenes Sommerglück zurück.

Kühl streift die Dämmerung
die Haut des Gesichts.
Die kurzen Tage nähern sich.
Dem weit entfernten Wanderer,
der einsam seinen Hunger auf Abenteuer stillt,
der vergebliche Gedanke gilt.

165 | Eissplitter

Spitze Splitter zersprungenen Eises
liegen auf dem Gehsteig.
Laub raschelt unterm Schritt.
Sterne segeln im Wind.

Ein Nebelvorhang verschleiert den Blick.
Dunstig steht der Atem vorm Gesicht.
Hart und grau das Pflaster aus Granit.
Zeitvergessen wandern die Gedanken mit.

Der traurige November hat kein Lied.

166 | Dunkelheit

Eingesponnen in den nachtblauen Kokon der Dunkelheit
träumen wir den wärmenden Strahlen der Frühlingstage ent-
gegen.
Schemen des Glücks in den Erinnerungen an die Vergangen-
heit
lassen uns die kalte Finsternis winterlicher Einsamkeit über-
leben.

Ob alt, ob jung, tauchen wir mit unseren Gesichtern
in kühle Spiegelseen ein und waschen unsere Häupter mit
blanken Versen.
Frostig steht über uns am Himmel die Milchstrasse mit ihren
stumpfen Lichtern.
Hohl und ängstlich schlagen in unserer Brust die schmer-
zenden Herzen.

Morgens gleiten wir in die fahlen Tage
und sinkt früh am Nachmittag die Dämmerung,
taumeln wir wieder in die nächste, endlose
Düsternis eines langen Abends.

167 | Härte

Hart prallt jeder einzelne Schritt
von dem Pflaster aus Granit zurück.
Hart auch ist der Blick,
der den bedauernswerten Bettler trifft.

Gleichfalls hart und kalt ist der Griff
an der schweren, blanken Tür aus Glas.
Hart ruht man auf der Bank aus Stahl.
Hart ist ebenso das Wort: „Es war einmal."

168 | Türme

Die Schwermut türmt sich auf,
wie der frühe Oktoberabend.
Es schwebt das undurchdringliche Dunkel,
wie verwirbelter dunstiger Atem.

Müde verträumt sind Tag um Tag.
Nur das Verlangen bleibt stet
nach Deinen warmen Umarmungen.

169 | Billie, Miles und John

Billies Stimme bohrt sich in die Dunkelheit.
– Verstärkt den schweren Mantel Einsamkeit.
Die Herbstsonate zittert im kalten Hauch.
Ein Tag endet seinen kurzen Lauf
eingekringelt in Blue Notes zuhaus.

Miles Trompetenton drängt die Schatten hinaus.
John swingt
mit den Favorite Things.
Danke, dass es Eure Jazz-Musik gibt.

170 | Gefährten

Eine Weile waren wir Gefährten
– bis alles gesagt war
und der Winter sich ankündigte.
Dann blieb nur ein Schatten zurück.

Von da an maschierten
wir getrennt.
Du warfst auf unseren gemeinsamen Weg
keinen Blick zurück.

Seit jener Zeit geh ich einsam
und bitter schmeckt
die Erinnerung an unsere Gefährtenschaft,
als jeder Tag voller Glanz und Licht war.

Doch von der Wärme blieb nichts,
was für die Kälte meiner Winterwanderung reicht.
So bleibe ich fremd auf vertrautem Terrain
und frage mich nach unserer Begegnung Sinn.

Sans, Souci.

Wir treffen uns Bahnhof Wannsee.
Gottt sitzt schon im Zug –
im zweiten Wagen oben.
Die Bahn bringt uns direkt zur Station Sanssouci.

Noch ist der Park leer, die Wege nass,
die Schatten lang und tief.
Verliere eine Wette, wer Bauherr des neuen Palais ist.
Dort gefallen mir am besten die Kandelaber mit ihren Allegorien.

Wir spazieren zum botanischen Garten,
dann am chinesischen Teehaus vorbei zu den römischen Bädern
mit dem wunderbaren Herkules.
Dann ergattern wir im Park-Café „Eden"
Liegestühle in der Sonne.

Als der Himmel sich bedeckt, flanieren wir zu den Terassen
und dem schönen Skulpturenrondell am Schloß „Sans, Soucis".
Wir erkennen Diana, Apoll, Merkur, Mars, Venus, Ceres und Zeus.
Wir gucken bei den kartoffelbelegten Gräbern Friedrichs
und seiner Hunde und bei dem betenden Knaben vorbei.

Dann sehen wir uns den holländischen Garten
und die Kirche im italienischen Stil an
und beschliessen unseren Spaziergang am Terracotta Tor,
bevor wir durch die Potsdamer Innenstadt
und am Marstall entlang zum Bahnhof gehen

171 | Umarmt

Sind zerstäubt vom grauen Herbstdämmerlicht.
Haben wenig Hoffnung und Zukunftszuversicht.
Umarmen uns selbst und warten schlicht,
dass die Tage wieder heller sind und es Frühling ist.

Fröstelnd ziehen sich schmerzende Schultern zusammen.
Die freundlichen Spätsommertage sind vergangen.
Der Himmel finster und wolkenverhangen,
schlummert in uns ein sachtes Verlangen.

Die Blätter fallen im zugigen Wind.
Wir krängen auf der Strasse,
weil wir von ihm angeblasen sind.
Vor uns mit dampfendem Tee die Tasse,
versinken wir im Blues der dunstigen Tage.

161 | Segen

Sei behütet und beschützt,
wo immer Du auch bist.
Sei glücklich, heiter und froh.
Möge Dein Schicksal
Dir freundlich gestimmt sein.

Mögest Du eines fernen Tages
auf ein reiches Leben zurückblicken.
Mögest Du von Kummer
immer wieder genesen.

Möge Dein Geist reich und weit sein.
Mögest Du ein farbiges Leben geniessen.
Möge ein günstiger Wind
Dich vor Ungemach behüten.

Mögest Du die unwiederholbare
Einmaligkeit des Daseins lieben.
Mögest Du die Mühen gelassen tragen.
Möge Dein Herz noch lang
warm in Deiner Brust schlagen.

172 | Mahlwerk

Zermalmt liegen die Tage
des kurzen Jahres.
Gebeugt unter gelbem Oktoberlaub.
Die rasende Zeit mahlt
die Stunden zu Sekundenstaub.

Vom holden Gesang der Nachtigallen verführt
hofften wir im April auf die Glut lauer Nächte.
Doch der Sommer reichte
nicht über den September hinaus.

Für die finsteren Monde decken
wir uns mit den herabgefallenen Blättern zu
und horchen mit angehaltenem Atem
auf die Zeichen
erneut aufbrechender Knospen.

173 | Rascheln

Rascheln

Rauschen

Wispern

Flüstern

Knistern

Knuspern

Funkeln

Knacken

Staksen

Schnurren

Murren

Flöten

Loben

Graben

Toben

Senden

Enden

174 | Vergeblich

Vergeblich all das Suchen.
Fruchtlos bleibt das Leid.
Sinnlos ist der Tage Klage.
Es bleibt Wanderung im Tale.
Keine Horizonte aufgezeigt.
Müßig all der Jammer.
Allein das Einerlei steht bereit.
Wirkungslos versuchte Klammer.
Ist's doch eine fade, triste Angelegenheit.
Da hilft auch keine Exposition
einer Farbexplosion,
wenn ein Jahr ergebnislos verstreicht.

175 | Drachenwetter und Himbeercreme

Als wir aus dem Bus stiegen,
das Feld zu umrunden,
verzogen sich die dunklen Wolken
und die bunten, anmutigen Drachen
standen hoch am strahlenden Himmel.

Wir schmeckten noch die süße Himbeercreme
vom Frühstück auf den Zungen
und hatten die Einkäufe erledigt.
Gedankenverloren stapften wir
auf den Trampelpfaden
in der Sonne nebeneinander her.

Südlich von uns rauschten die Autos
auf der Autobahn vorbei.
Es war warm.
Wir zogen unsere Mäntel aus
und hängten sie
über den Arm.

Verdrießlich schimpftest Du
mit mir, weil ich Dich bat,
aus Vorsorge – der Seuche wegen –
in nächster Zeit
etwas weniger Freunde zu treffen.

Aber in der Sonne schmolz die
schlechte Laune dahin und
schnell schwang zwischen uns
ein versöhnlicher Ton.

Als ich Dir erzählte,
dass in der Woche morgens
die Zeit nicht reichte,
nachdem ich meinen Kaffee
vorm Monitor getrunken hatte,
die Tasse weg zu räumen,
tadeltest Du mich,
statt mich gegen die Einsamkeit
an den Computer zu setzen
solle ich lieber Dich anrufen.
Du seist dann bereits wach
und ebenso einsam.
Ich war verblüfft
und mußte lächeln.

Zum Abschied verabredeten
wir uns wieder am Samstag
– in einer Woche. Wie schön,
dass es Dich gibt.

177 | Zeit

Hier drinnen verrinnen die Sekunden
und hinterlassen auf der Uhr keine Spur.
Im gleichmäßigen Takt wandern die Stunden-
und Minutenzeiger an den unbewegten Ziffern
des Blatts vorüber. Sie drehen
unablässig ihre Runden.
Sie drehen sich auf ihrer Zeitreise im Kreise,
immer fort und fort.
Von den Zeichen ihrer Bahn bleibt nichts stehen.
So können wir vom Vergehen
der Zeit am Ende auf der Uhr nichts sehen.

178 | Zeitenlauf

Die Tage sind wolkenverhangen vergangen,
seitdem wir genüßlich unser Eis verschlangen.
Du machtest Deine Gegeneinladung zum Essen
bisher nicht wahr.

Ich überlege – wie können wir zueinander gelangen?
Wie streife ich den weissen Kalk aus meinem Haar?
Haben wir den rechten Zeitpunkt vergessen?
Ist ein so unterschiedliches Paar
nicht füreinander gemacht?

179 | Kalter Hauch

Der kalte Hauch einer tristen Zeit
stapft eintönig auf uns zu.
Der Herzschlag aller anderen ist weit
und noch viel ferner bist mir Du.

Fröstelnd verschliesse ich die Tür
und hänge alle Fenster zu.
Die zugigen Lüfte werden ausgesperrt.
Der Wind heult vor dem Tor.

Im Dunkeln sitz ich vor dem kalten Licht
des Laptop-Monitors.
Eine Fruchtfliege kriecht
über das Glas mit dem Orangenlikör.

Auf der Strasse unten räuspert sich laut
ein vorbeigehender Passant.
Eine Autotür schlägt krachend zu.
Die Finternis steht früh am Tag ins Land.

180 | kleide bunt

Kleide bunt die Stille aus.
Hole ein wärmendes Feuer
in den Ofen Dir ins Haus.
Sperre den Schnürenregen aus.

Nimm die Farben in die Hand.
Träume Dich in ein anderes Land.
Stapfe mit den Gummistiefeln
in die nassen Pfützen.

Puste in den Dampf des Tees.
Schnupper den frischen Duft,
den ein feuchter Wind herbeiweht.
Sieh das blanke Rot der Hagebutte,
die am Weg steht.

181 | Hörst Du?

Hörst Du die Pappeln säuseln im Wind?
Glaubst Du, dass wir lebenslang Kinder sind?
Hörst Du die Krähen krächzen
und die Dielen unter Deinen Schritten ächzen?

Malst Du als Fotograf
Blattrispen nach?
Siehst Du der Zweige Licht- und Schattenspiele?
Riechst Du des Novembers düstere Kühle?

Steigst Du ängstlich in den finsteren Keller hinab?
Driften Deine Gedanken ab?
Schraubst Du Gläser auf mit Pflaumenkompott?
Telefonierst Du zum Vergnügen mit Gottt?

Gottt ist jetzt fünfundfünfzig
und um die Hüften etwas rundlich.
Er ist ein ganz lieber Tropf
und besitzt einen wunderbar eigensinnigen Kopf.

Ich denke, ich soll Dich von ihm grüssen.

182 | Dämonen

Über den trüben Wolken
thronen die Dämonen.
Sie schlucken das Licht.
Ihre dunklen Boten flattern
durch die Finsternis.

Kalt haucht Ihr Atem
in die Kragen.
Über die feuchten, fahlen Strassen
huschen ihre zerfledderten Schatten.

Aus längst vergangenen Tagen
hört man verlorene Seelen klagen.
Schaudernd entzündet man ihnen
einen Kerzenschein
und hofft, so finden sie heim.

183 | Sehnen

Im Herzen zieht das Sehnen.
Es treibt die Tränen
in die Augen.

Die Frühjahrshoffnung ist zeronnen.
Gedankenherbst ist aufgekommen.
Unversöhnt mit der Sinnlosigkeit der Existenz.
Sehnsucht nach des Lebens Lenz.

Sah das tödliche Schweigen
des kahlen, fahlen Winters nicht kommen.

184 | Wir waschen den Boden nicht blank

Am Ende vom Flur
klappt keine Tür
und Du sprichst nicht.
Kein Lied klingt herüber.

Du streichst die Locke nicht
aus meinem Gesicht
Wir waschen den Boden nicht blank.
Wir versinken nicht in einer Umarmung.

Da ist kein Bild,
das den Hunger stillt.
Wir schweigen nicht Bände.
Am Ende des Tunnels ist kein Licht.

Wir streichen nicht die grauen Wände.
Wir brechen nicht auf,
legen nicht zart dem anderen das Herz in die Hände.
Kein Ring aus Gold ziert unsere Hände.

185 | Winter

Der Winter hat den strahlenden Glanz
der Sommertage verschlungen.
Mit ihm sind auch
die bunten Blumenrabatten verschwunden.

Zu Grau gefroren ist der Himmel
über dem See.
Wir warten daraus auf das Fallen
kristallenen Schnees.

Das Gelb des Oktoberlaubs
ist zu Boden gesunken.
Schwarz ragt hinauf das Astwerk
der Strassenlinden.

Im Dezember wird man wieder
duftende Nadelzweige
zu Kränzen binden.
Bratäpfel werden mürbe
Erinnerungen bringen.

Matt und gemessen
schlägt tief unter Wurzeln
sein kaltes Herz.
In die dunklen Tage
webt er Sehnsucht und Schmerz.

186 | Auf dem Weg

Ich war auf dem Weg
und begleitete Dich ein Stück.
Wir hakten beieinander
die kleinen Finger ein.

Der Wind hat geweht
– da auf unserem Weg
gepflastert mit Stein.

Deine Hand war so dürr
und eisig kalt
auf unserem Weg
an jenem Septembertag.

Trotzdem hat mein Herz gehüpft,
als Du neben mir schrittst
auf dem steinernen Weg,
der im Nachmittagsschatten vor uns lag.

187 | Dezemberlied

Der kalte Dezemberwind
flüstert, wispert und raunt
verheissungsvoll davon, was geschieht,
wenn die dunklen Winterstunden
vorüber sind.

Wenn ein Jahr düster zuende geht,
klingt in seinem Lied
die Freude auf den nächsten Sommer mit.

Und wenn ich dann
am kahlen Kanal spaziere,
blick' ich in Gedanken
an Dein liebes Gesicht
auf jene Stunden Glück
im vergangenen Jahr zurück.

188 | zartbitter

Zartbitter sind die Erinnerungen
– Dein strahlendes Haupt schon fast
in des Vergessens Dunkelheit versunken.

Hätt' ich nicht die drei Bilder von Dir,
– wer glaubte mir?

Ich selber nicht.
So hol' ich Dich
mit einem Blick
auf sie zurück.

Schäle Dich aus Schemen.
Stäube Puder aus Zucker
über ein Herz in Wunden
und träum', Dein Atem
in mein Ohr, liess
seine Kränkung
wieder ganz gesunden.

189 | frei

Es hält Dich nichts.
Du gehst davon und
blickst nicht zurück.
Da ist keine Gewohnheit,
die Dich an mich knüpft.

Du bist frei.

Doch ich habe Angst,
dass Du in den Abgrund stürzt.
Dir Ellenbogen, Stirn
und Knie verletzt.

Ein Ikarus, der vom Himmel fällt.
Vor einem Felsenmeer zerschellt.
Ach, wärest Du nicht gar so frei.
Ach, wäre Dein Schicksal mir ganz einerlei.

Ach, würde ich Dich nicht kennen.
– Dich nicht bei Deinem Namen nennen.
Ich wäre frei.
Ich wüßte ja nicht,
was ich vermiß.

190 | Schwebe

Lebe in der Schwebe.
Das Vage füllt die Tage.
Das Unbestimmte schimmert.
Das Nebulöse glimmt.

Die Liebe ist eine Frage,
die keine Antwort kennt.
Balanciere mit Gedanken,
so dass die Enden offen sind.

Fürchte schroffe Kanten
und klare Punkte
an denen sich ein
Schlußstrich zieht.

Bleibe auf der Reise,
die sich endlos
um die Kurven biegt.

191 | Musik

Meine Gedanken ziehen Kreise
während ich schweige.
Kristallene Tropfen
rinnen über mein Gesicht.

Ich setze mich
und bastele ein Gedicht.
Drehe gegen die Stille
die Musik laut auf.

Ein paar Schritte
tanze ich.
Dann bin ich
besser drauf.

Ich fühl mich
nicht mehr allein.
Kann gegen den Kummer
mit den Songs anschreien.

192 | Wenn ich

Wenn ich morgens
in den Spiegel schau
und den Schlaf mit kaltem
Wasser austreibe,
erkenne ich das Gesicht
vor mir nicht.

Ich wende dann schnell den Blick
und sehe mich stumm suchend um,
ob ich mich irgendwo erblicke.
Doch als Du damals gegangen bist,
hast Du mich mitgenommen.

Hier wohnt nur noch die Hülle,
die leer zurückgeblieben ist.
So muß es wohl sein,
denn tagaus und tagein,
finde ich mich nicht ein.

Ich sehe in die fremde Miene
und entdecke mich nicht.
Wenn ich dann am Abend
Zähne putz,
bin ich in tausend
Splitter zerstreut
und meine Seele gurgelt
mit dem Spuckwasser in den Abfluß.

Und ruhe ich dann
auf dem Kissen,
hat die Nacht
keine Träume mehr.
So sind die Tage,
wie die Nächte – leer.

193 | Zwei Schollen auf dem See

Zwei Schollen treiben in der Dämmerung
auf dem eisigen See.
Ein Silberreiher landet in der Astgabelung.
Gottt und ich stapfen
auf dem morastigen, schwarzen Weg.

Die Bude ist uns zu teuer.
Wir trinken bei mir Tee.
Ein Jahr klingt langsam aus.
Wir sprechen von Renovierungs-
und Reiseplänen.

Im nächsten Oktober
soll's nach Sizilien gehen.
Dann sind wir hoffentlich alle geimpft
und können der Welt wieder begegnen.
Die Aussicht macht uns Lust,
ins neue Jahr zu sehen.

194 | Die Nacht fällt früh

Es ist Winter.
Die Nacht fällt früh.
Tappe in die Küche.
Greife einen Löffel
aus der staubigen Schublade.

Der Zeiger der Uhr schleicht
langsam in der Dunkelheit voran.
Puste in die bunte Suppe.
Schlürfe die heisse Brühe.
Stelle den leeren Teller
auf den Schrank.

Es ist still.
Niemand ruft an.
Höre dann Stings „Englishman".
Die Zeit vergeht, bis ich
schliesslich in mein Bett kriech'.
Morgen fängt dann
ein neuer Tag von vorne an.

195 | Antwort

Ich rufe in die Welt,
aber sie antwortet nicht.
Vermutlich, weil die verkaterte Welt
gerade vor dem „Tatort" sitzt.

Schopenhauer und Kaléko
haben heute meinen Kopf besetzt.
Durch den jetzt abends der Gedanke an
die Absurdität des Lebens flitzt.

Habe Jahrzehnte mit Dir
an einer Familie gebaut
und den klanglosen Abschied
daraus noch nicht verdaut.

Wozu war, was ich tat, gut?
Wo find ich Sinn und Mut?
Ich legte Stein auf Stein,
trotzdem – mein Haus brach
unvermittelt ein.

Und auch im Raffen
liegt kein Schaffen.
Haltlos im Strom der Zeit
ist „Heute" morgen schon
„Vergangenheit".

weitere Bücher der EDITION DORETTES

Lyrik für den Gebrauch, ISBN 978-3-75973-701-4, 09|24
Knallpfeifen – Die Anthologie 2024, ISBN 978-3-75977-865-9
Die Taugenichtsin – Erzählungen, ISBN 9783759723628, 05|24
Metabolie – Alltagslyrik II, ISBN 9783758329302, 02|24
Maloche – Die Anthologie 2023, ISBN 9783758304392, 11|23
Zwergenland – Lyrikanthologie, ISBN 9783756856077, 10|22
Fragmente – Prosa, ISBN 9783755733515, 02|22
Prolog – Lyrik, ISBN 9783755756330, 12|21

Spenden an „Die Dorettes" zur Unterstützung der künstlerischen Arbeit und zur Unterstützung der Finanzierung der Produktionsmittel können über die Website über den Spendenbutton überwiesen werden oder per Überweisung an

Sabine Rahe
Verwendungszweck: Spende „Die Dorettes"
Berliner Sparkasse
IBAN: DE28100500000640233694
BIC: BELADEBEXXX

Herzlichen Dank an die Förder:innen.